Liselot Huchthausen

Alltag in der DDR
(1945) - 1975

Liselot Huchthausen

Alltag in der DDR

(1945) - 1975

© SCHEUNEN-VERLAG Kückenshagen 1998

Layout, Typografie, Scans und Bildbearbeitung: *Andreas Ciesielski*
Druck und Bindung: *Zapol*, Szczecin

ISBN: 3-929370-70-0

INHALT

STATT EINES VORWORTS

Vor einigen Jahren, 1994, habe ich "Jugend in Rostock" veröffentlicht, ein Buch, das meine Lebensgeschichte von meiner Geburt im Jahre 1927 bis zum Ende des Zweiten Weltkrieges enthält. Es ist ein reines Erinnerungsbuch, ich habe nichts nachgelesen und nichts anhand von Archivmaterialien oder Ähnlichem korrigiert, und in derselben Weise werde ich nun fortfahren. Ich schreibe ausdrücklich kein Geschichtswerk, obwohl Geschichte des Altertums mein Fachgebiet ist, denn ich glaube, dass auch von Interesse ist, was sich einem bestimmten Menschen eingeprägt hat und wie - und was nicht. Mir ist schon aufgefallen, dass Ereignisse, die bei anderen tiefe Spuren hinterlassen haben, Daten, die sie nie vergessen konnten, in meinen Erinnerungen gar nicht vorkommen. Aber das ist halt so, ich will es nicht nachträglich zu korrigieren versuchen. -

Wer Geschichte nach den Akten von Parteien und Organisationen schreibt, erliegt leicht der Illusion, dass das, was beschlossen wurde, auch durchgeführt worden sei - auch in der Hinsicht mag es ganz nützlich sein, wenn jemand berichtet, was eigentlich bei ihm/ihr angekommen ist und wie man unten reagierte. Das werde ich versuchen, mehr nicht.

Denn ich war nie auf einem Parteitag, ich habe nie Kontakt zu führenden Persönlichkeiten in Staat oder Partei gehabt, selbst mit dem jeweiligen Rektor meiner eigenen Universität bin ich nur ganz selten zusammengetroffen - ich habe politische Ereignisse, wenn überhaupt, aus der Basisperspektive gesehen. - Vieles, was in der DDR "Alltagsleben" war, wird schon bald vergessen, kaum mehr vorstellbar sein; das Bild beginnt auch bei mir schon zu verblassen. Deshalb halte ich auch ganz normale Alltäglichkeiten fest - sie machen schließlich das Leben aus. Noch gibt es Zeitgenossen, die ihre Sicht der Dinge gegen die meine stellen können und das hoffentlich tun werden.

"Jugend in Rostock" endet mit dem Tag, als ich - Abiturientin, 18jährig, ausgebombt, Halbwaise, derzeit Küchenhilfe in der Chirurgischen Klinik - im Herbst 1945 auf dem Weg zur Arbeit einen Aufruf sah, der politisch unbelastete Interessenten aufforderte, sich für einen Lehrerkurs zu melden. Ich bestand die Aufnahmeprüfung, und schon am 1. November begann ich nach vier Wochen Ausbildung meine Laufbahn als "Schulamtsbewerber" mit 150,00 Mark im Monat und der Verpflichtung und Möglichkeit, fünf Tage in jeder Woche zu unterrichten, am sechsten aber zur Fortbildung zu gehen. Ich wurde in die Altstädtische Mädchenschule eingewiesen. Meine Mutter hatte inzwischen, wenn auch nach ihrer Verschüttung zu 70% schwerbeschädigt, ihren Laden (Süßwaren, Kunstgewerbe, Nährmittel auf Karten) wieder eröffnet, um die Zeit bis zu ihrer Rente zu überbrücken.

DAS LEBEN GEHT WEITER

Auf die große Politik zu achten hatten meine Mutter und ich damals wenig Zeit, wir waren mit dem Überleben voll ausgelastet. Ein englischer Bekannter hat mir nach der Lektüre von "Jugend in Rostock" geschrieben, es sei ihm sehr verwunderlich, aber auch lehrreich gewesen, wie undramatisch damals offenbar vieles verlaufen sei - er hätte sich den Umschwung viel "fernsehgerechter" vorgestellt - ein großer Blackout, und dann alles neu!

Nun waren wir natürlich nicht in einer so dramatischen Situation wie diejenigen, die ihre Heimat hatten verlassen müssen. Ich glaube nämlich, es ist im Grunde einfacher, ausgebombt zu werden als wegzumüssen: Alles ist unwiderruflich mit einem Schlag dahin. Man braucht sich keine Gedanken darüber zu machen, was wohl aus dem Haus wird, wer da jetzt wohl wohnt. Und - man weiß auch sofort, wer tot ist und wer überlebt hat. Man kann Trauerarbeit leisten und dann wieder anfangen. Vielleicht bei Null - aber immerhin in einer bekannten Umgebung. Ein Kind unterwegs zu verlieren, von seinen Verwandten getrennt zu werden und jahrelang nicht zu wissen, ob und wie sie überlebt haben, und dann noch in eine fremde Umgebung verpflanzt zu werden, wo man den Dialekt kaum versteht und selbst nicht richtig verstanden wird - das muss das Herz zerreißen.

Freilich, die Schüler in meiner Klasse, ungefähr zu

einem Drittel Umsiedler, meist aus dem Sudetenland oder aus Hinterpommern, gewöhnten sich offenbar relativ schnell ein.

Wenn jemand aus den Altbundesländern dies liest, wird er vielleicht über den Ausdruck "Umsiedler" stolpern; dort waren das "Heimatvertriebene". Aber ich denke noch heute, in diesem Falle war unser Wort besser: Es fixierte den neuen Zustand, nicht den erlittenen Verlust, es half bei der Orientierung nach vorn.

Unsere eigene Orientierung nach vorn stand unter dem Motto: "Niemals wieder eine Partei!" Meine Mutter hatte einerseits den Eindruck empfangen, dass die politische Tätigkeit meines Vaters als Mitglied des Landtags für die Deutsche Volkspartei zu seinem Konkurs im Jahre 1932 beigetragen hatte, weil er dadurch vom Geschäft abgelenkt wurde.

Schlimmer noch: Die dabei entstandene missliche ökonomische Lage hatte ja letztlich dazu geführt, dass sie selbst in die NSDAP eingetreten war, obwohl sie überhaupt nichts dahin zog; denn sonst wäre das Entschuldungsverfahren nicht genehmigt worden, das meine Eltern pekuniär wenigstens wieder auf den "Null-Stand" brachte. 1945 musste meine Mutter deswegen vor die Entnazifizierungskommission, und obwohl sie anstandslos als "Mitläufer" eingestuft wurde, war es ihr dennoch mehr als unangenehm. Ebenso wie ich sah sie nichts Positives darin, "nur" aus ökonomischen Gründen eine Sache gefördert zu haben, die sie im Herzen ablehnte!

Mich wollte sie vor solchen Erfahrungen bewahren.

Allerdings trat ich in die Gewerkschaft ein: Bei Gelegenheit einer Kreislehrertagung im Dezember 1945 verpflichteten sich alle Anwesenden durch Handzeichen, als wir dazu aufgefordert wurden. Ich aber traute mich nicht, allein aufzustehen und Nein zu sagen, obwohl mir diese Art der Werbung nicht gefiel. Anfang 1947 ließ ich mich von einer älteren Bekannten für den DFD, den "Demokratischen Frauenbund Deutschlands" gewinnen. An den Zielen - Frieden und Gleichberechtigung der Geschlechter - hatte ich nichts auszusetzen; aber es war vor allem eine "Alibi-Organisation" für mich: ich war erst 18, als ich Lehrerin wurde, und hätte noch in die FDJ ("Freie Deutsche Jugend") eintreten können. Aber alles, was nach "Staatsjugend" aussah, war mir zutiefest suspekt; und mit dem Argument: "Ich bin schließlich schon in einer Organisation für Erwachsene", waren Anmutungen aus dieser Richtung immer abzuwehren. Dafür war ich dann im DFD eines der jüngsten Mitglieder und betätigte mich auch als Schriftführerin einer Gruppe.

In den ersten Nachkriegsjahren hörte bei uns in der Familie hauptsächlich meine Mutter Radio, und zwar das "Echo des Tages" aus Hamburg, Opernsendungen - und die Fußballübertragungen, sobald es die wieder gab. Deutlich erinnern kann ich

11

mich daran aber erst aus der Wohnung in der Dehmelstraße, also seit etwa 1948. Da hatten wir schon zweimal innerhalb von 24 Stunden unser jeweiliges Domizil räumen müssen, weil die Rote Armee die betreffenden Häuser beschlagnahmte. Wie Mama zu dem Apparat gekommen war, bzw. ob sie ihn irgendwie an der Beschlagnahmeaktion im Mai 1945 vorbeigeschummelt hatte - keine Ahnung. Auch seit wann es wieder eine Zeitung gab, weiß ich nicht genau - aber daß meine Mutter sich nicht nur ein Rostocker Blatt ("Der Demokrat"), sondern bald auch die "Berliner Zeitung" (später "das Zentralorgan der Parteilosen" genannt) hielt, war für sie selbstverständlich. Als ich in der Mittelstufe unterrichtete, kam das "Neue Deutschland" hinzu - um die wesentlichen Beschlüsse aus erster Hand zu haben. Und *sie* strich dann das Wesentliche an... Bei mir entwickelte sich das Interesse mehr über die Verpflichtung, einschlägige Themen im Unterricht behandeln zu müssen.

Es ist schon merkwürdig: Meine Mutter wollte zwar nicht, daß ich in eine oder gar "die" Partei ging, aber sie war politisch immer interessiert und keineswegs konservativ. Eine christliche politische Partei war in ihren Augen ein Widerspruch in sich, Herrn Adenauer hätte sie nie gewählt.

Wenn sie sich den "Demokraten" hielt und nicht die "Ostsee-Zeitung", dann wegen des besseren Feuilletons und des allgemein besseren Stils und weil die Ostseezeitung "nur ein zweiter Aufguß vom ND" sei. Auch das "Echo des Tages" hörte sie, um sich zu informieren, nicht um alles kritiklos zu glauben, was dort erzählt wurde, und im Gegensatz zu vielen anderen ließ sie auch die hiesigen Nachrichten nicht völlig aus.

Natürlich haben wir uns auch aneinander gerieben, und zeitweise habe ich es bedauert, dass ich wegen ihrer Kriegsbeschädigung nicht so mobil war, wie ich gern gewesen wäre. Aber von den Müttern meiner Schulfreundinnen und später auch etlicher Kolleginnen konnte keine sich an praktischem Verstand und Weltklugheit mit Mama messen. In schwierigen Situationen wußte sie immer einen gescheiten Rat und war jedem gegenüber - vom Hausmeister über die Sekretärinnen bis (viel später) zum Dekan der Fakultät - eine "vorzeigbare Mutter". Verwandte können unter Umständen eine ziemliche Belastung sein: Ich höre noch die Pförtnerin der Universität der Mutter einer Kollegin hinterhermurmeln: "Die hat auch vergessen, dass sie nackt auf die Welt gekommen ist!" So eine Bemerkung hätte Mama nie provoziert.

Als Zweiergespann also machten wir uns auf den Weg in die Nachkriegszeit - und bei dieser Kombination blieb es bis zu ihrem Tode 1975.

VORSPIEL: LEHRERIN IN DER SOWJETISCHEN BESATZUNGSZONE

Als ich im November 1945 meine erste Schulstelle antrat, kam ich wie gesagt an die Altstädtische Mädchenschule.

Solange ich denken konnte, hatte ich Lehrerin werden wollen, und schon in der Schulzeit einige praktische Erfahrungen auf diesem Gebiet gesammelt - mit Nachhilfestunden zur Aufbesserung des Taschengeldes. Meine letzte Schülerin 1943/44 war Anne, der ich in Latein auf die Sprünge half, ein rothaariges Energiebündel, ein Jahr älter, aber in derselben Klassenstufe wie ich. Mit ihr blieb ich bis zu ihrem Eintritt in ein rheinisches Kloster in Kontakt. Jüngere Geschwister, an denen ich hätte üben können, hatte ich ja nicht. Es scheint mir heute noch wichtig, dass man versucht, von seinem Traumberuf möglichst zeitig ein praxisnahes Bild zu gewinnen, sonst bleiben schlimme Enttäuschungen selten aus. Und wenn einem Lehrer seine Arbeit auf die Dauer keine Freude macht - wie soll er Schüler für sein Fach gewinnen und erziehen?

Auf den ersten Blick fiel mir die merkwürdige Zusammensetzung des Kollegiums in meiner neuen Arbeitsstelle auf: Auf der einen Seite einige ältere, eigentlich schon alte Damen, Fräulein Voss, Fräulein Blohm, Fräulein Hackbarth - allesamt Unterstufenlehrerinnen mit langer Praxis, die wegen

14

ihrer christlichen Gesinnung nicht in die Nazipartei gegangen waren; auf der anderen Seite die Neulehrer. Der "Mittelbau" fehlte weitgehend - ich besinne mich nur auf zwei Damen "in den besten Jahren", Klassenlehrerinnen der 7. und 8. Klasse. Aus dieser Generation waren eine ganze Reihe der KollegInnen Mitglieder der NSDAP gewesen und daher erst einmal vom Dienst suspendiert, die Männer natürlich auch oft noch nicht aus dem Krieg zurück - oder im Krieg geblieben. Unter den Neulehrern war eine Anzahl junger Mädchen wie ich, aber auch einige alleinerziehende Mütter (obwohl man das damals noch nicht sagte), beispielsweise Offiziersfrauen, deren Männer noch vermisst waren. Sie wollten nicht aus Rostock fort, um leichter auffindbar zu bleiben, hatten aber jetzt plötzlich keinerlei Einkünfte mehr. Frau Reichhelm, die dann relativ bald doch "in den Westen" ging, hat in diesem ersten Friedenswinter mit ihren drei Kindern arg gefroren und gehungert bei unserem winzigen Gehalt und den Schwarzmarktpreisen.

Der Rektor war Herr Brüsehaber, der in der Zeit des 3. Reiches gemaßregelt worden war - ich weiß aber nicht, weswegen konkret und was er hatte ausstehen müssen. Er war jedenfalls lange Zeit nicht mehr im Schuldienst gewesen und hatte einige Mühe, sich wieder hineinzufinden. Er kam mir damals alt vor, aber er wird wohl nicht über 45 gewesen sein. Ich hatte jedoch nicht allzuviel Kontakt mit ihm, da er sich selten im Lehrerzimmer aufhielt. Wesentlich mehr Eindruck machte seine Stellvertreterin, Fräulein Bollhagen, eine exquisite Stundenplanbauerin und eine Lehrerin von altem Schrot und Korn. Als in meiner Klasse einmal zehn Mark verschwunden waren und ich völlig verzagt und ratlos war, genügte ihr ein strenger Blick in die Runde, und sie wusste, wer die Sünderin war. "Wo ist das Geld?" sagte sie zu der rothaarigen Gertrud. - "Ich, ich hab's nicht..." - "Ich will nicht wissen, ob du's hast - ich will wissen, wo es ist!" - "A.. auf dem Abort - in das Papier eingerollt!"

Und so war's denn auch. - Nicht nur die Schüer "standen geistig stramm", wo Fräulein Bollhagen auftauchte...

Ich bekam erst einmal eine 2. Klasse. Dort war ich Klassenlehrerin und erteilte den gesamten Unterricht - das entsprach der alten Volksschulpraxis. Ein paar Stunden fehlten dann noch an der Pflichtstundenzahl von 27, und nach kurzer Befragung: "Was haben Sie im Abitur in Biologie gehabt? Eine Zwei?" hieß es: "Na gut, dann gehen Sie in die beiden 7. Klassen und geben da Biologie."

Neue Schulbücher konnten natürlich nicht so schnell aus dem Boden gestampft werden: Zum nächsten Schuljahresbeginn erst gab es eine wunderhübsche Fibel mit Bildern von Thuro Balzer. Das erste Halbjahr mußten wir uns mit vorhandenen Büchern behelfen und als Schreibmaterial alles irgendwie Beschreibbare heranziehen. Wir konstatierten erfreut, dass noch in vielen Familien Schiefertafeln vorhanden waren, auf denen mindestens in der Unterstufe geübt werden konnte.

Als Mentorin wurde mir Fräulein Hackbart beigegeben, bei der ich hospitierte und die gelegentlich meine Vorbereitungen ansah - ich hatte ja nur einen vierwöchigen Kurzkurs zur Vorbereitung auf diesen verantwortungsvollen Beruf hinter mir. Aus der wöchentlichen Fortbildung besinne ich mich vor allem an Psychologiestunden, auch an Geschichte der Pädagogik - wo wir z.B. mit Kerschensteiner bekannt gemacht wurden. Natürlich wurde die demokratische Schulreform besprochen, nach der wir Schüler zu erziehen hatten, *"die fähig und bereit sind, sich voll in den Dienst der Gemeinschaft zu stellen"* - den Anfangsparagraphen muß ich auswendig gelernt haben.

Aus den ersten Wochen erinnere ich mich an zwei kurze Gespräche mit meiner Mentorin - kurz waren alle Gespräche, wir mussten ja in der Pause zu Ende kommen. Einmal fragte sie mich, was ich denn nun für das Wichtigste ansähe im Verhältnis meiner Schüler zu mir? - "Dass sie mich lieben!" antwortete ich wie aus der Pistole geschossen. "O nein", sagte sie ruhig, "respektieren müssen sie Sie. Dann kommt die Liebe ganz von selbst." Ich glaubte ihr (natürlich) nicht. Aber nach einem halben Jahr sah ich ein, dass sie recht gehabt hatte: Meine Klasse nahm mich einfach nicht mehr ernst, und ich war heilfroh, als das Schuljahr zu Ende ging und ich sie abgeben konnte. Ich hatte erfahren, dass es zwar möglich und wünschenswert ist, im Laufe der Zeit die Zügel etwas lockerer zu lassen, wenn erst alles gut läuft - aber nicht, sie nachträglich anzuziehen...

Kinder wollen im Grunde ihre Lehrerin oder ihren Lehrer respektieren (wenn auch nicht fürchten!) - sie fühlen sich gar nicht wohl, wenn sie machen können, was sie wollen - aber sie versuchen es auf alle Fälle erst einmal, und wehe, wenn es ihnen gelingt!

Das zweite Gespräch war ein politisches, es bestand nur aus je einem Satz. Ich sagte einmal- ich weiß den Zusammenhang nicht mehr - es sei doch schrecklich, dass wir den Krieg verloren hätten, und meine Mentorin erwiderte - wiederum ganz unaufgeregt: "Haben Sie schon darüber nachgedacht, wie schrecklich es geworden wäre, wenn Deutschland gewonnen hätte?", stand auf und ging hinaus.

Nein - so genau hatte ich mir das noch nicht überlegt, aber ich fing sofort damit an und war längere Zeit damit beschäftigt. Ich hatte zu Fräulein Hackbart nie ein besonders enges oder herzliches Verhältnis - aber sie hat einen entscheidenden Anteil an meiner Ausbildung und Erziehung gehabt, scheint mir.

Das erste Halbjahr war also nicht besonders ruhmvoll, aber ich ging im September 1946 mit den allerbesten Vorsätzen in meine neue Klasse. Es waren Schulanfänger - das war ein Vertrauensbeweis. Die Klassenstärke war nicht allzu hoch - 25 etwa - ich begann gleich mit den Elternbesuchen und kannte bald alle Familien. Diese Verpflichtung wurde uns in der Fortbildung energisch eingeschärft, und ich finde: mit Recht. Es ist ein großer Unterschied, ob man Eltern in ihrer häuslichen Umgebung oder nur beim Elternabend oder bei einem Besuch in der Schule kennenlernt. Und es macht auch viel aus, ob man jeden besucht oder erst auftaucht, wenn etwas im Argen liegt. Ein Vertrauensverhältnis baut sich leichter auf, wenn die Familie nicht beim Anblick einer Lehrkraft als Erstes denkt: "Um Himmels willen, was hat unser Kind bloß angestellt?"

Damals war die Lage für mich besonders günstig, weil ich nicht weit von der Schule entfernt, wenn auch nicht in ihrem Einzugsgebiet wohnte und meine Schülerinnen sich auf wenige Straßen der Altstadt konzentrierten, so dass ich an einem Nachmittag immer mehrere Besuche erledigen konnte.

Ein gutes Drittel der Kinder hatten keinen Vater mehr oder er war noch vermisst. Der Gerberbruch und die umliegenden Straßen waren ein fast reines Arbeiterviertel, von ein paar Bruchfischern abgesehen - das erleichterte die Sache insofern, als die Eltern im allgemeinen geneigt waren, mir Kompetenz zuzubilligen. Kollegenkinder sind keineswegs immer die Freude des Lehrers, und ehrgeizige nichtberufstätige Mütter mit pädagogischen Ambitionen können einem manchmal selbst gutartige Schüler verleiden... In der Altstadt waren (damals) die Schwierigkeiten anderer Art. Erst nach längerer Zeit merkte ich z.B., dass die Mutter einer meiner Schülerinnen ihr deshalb nicht bei den Hausarbeiten half, weil sie selbst nicht Deutsch schreiben und lesen konnte. Sie war Schwedin, hatte einen Rostocker Matrosen geheiratet. Ich war überhaupt nicht darauf gekommen, denn sie redete wie ein Buch. Einmal putzte sie mich vor versammelter Klasse herunter, weil ich auf ihre Tochter nicht genügend Rücksicht genommen hätte, und verließ dann türenschlagend den Raum. Nach einer Pause allgemeiner Verblüffung erhob sich im Hintergrund eine andere Schülerin und sprach: "Fräulein H., haben Sie keine Bange - meine Mutter arbeitet bei den Russen - sie hilft Ihnen, wenn die Ihnen was will!" Ich kriegte sozusagen einen zweiten Schrecken, als ich von dieser Beziehung zur Besatzungsmacht hörte, obwohl mich der gutgemeinte Trost natürlich rührte.

Die Mutter zweier anderer Kinder sprach noch weniger Deutsch; auch sie war eine Seemannsfrau, in diesem Fall eine Russin. Die Mädchen waren Zwillinge und glichen einander wie das berühmte Ei dem anderen - ich habe sie in zwei Jahren nicht unterscheiden lernen können. Von "Ausländerproblematik" hat da aber niemand gesprochen - es waren normale Probleme ganz bestimmter einzel-

20

ner Schülerinnen, für die man sich etwas einfallen lassen musste - und ließ.

In dieser 1. Klasse kam ich schon viel besser zurecht - und das war nur gut, denn der Winter 46/47 wurde hart, und wir konnten die Schule nicht heizen. So wurden die Klassen in Gruppen von fünf oder sechs Schülerinnen geteilt, und mehrere Eltern erklärten sich bereit, Unterricht bei sich in der Küche (das war in den Familien meist der einzig warme Raum!) halten zu lassen. Ich arbeitete mit jeder dieser Gruppen zweimal in der Woche, und am Sonnabend kamen wir alle in der Schule zusammen und hatten, dick vermummt, eine gemeinsame Stunde, damit die Schüler sich nicht völlig aus den Augen verloren. Die kleinen Gruppen und die hohe Motivation aller Beteiligten ließen uns den Lehrplan trotz allem erfüllen.

Das wird bei der jetzigen Diskussion über die Verkürzung der Schulzeit oft vergessen: Man kann nicht nur Zeit streichen, man muß gleichzeitig die Klassenstärken verringern und für eine günstige Lernsituation sorgen, um ein hochwertiges Abitur in 12 statt in 13 Jahren zu schaffen!

In dieser Zeit des Hungers bekamen die Schulkinder jeden Tag ein Roggenbrötchen zur Aufbesserung der regulären Zuteilung. Wenn jemand krank wurde, brachte eine andere Schülerin es der Kranken täglich nach Hause. Wer beschreibt mein peinliches Erschrecken, als der Vater der kleinen

Käthe - sehr höflich - anfragte, weshalb er denn die Brötchen bezahlen solle (das Stück fünf Pfennige), da seine Tochter doch schon eine Weile krank sei und keines mehr bekommen habe! Unsere Klassenerste, der diese Wertobjekte anvertraut worden waren, hatte ihren Hunger nicht bezähmen können und sie unterwegs selbst aufgegessen... Noch zwei Jahre später schrieb eine Schülerin in einem Aufsatz über das Märchenland: "Da gibt es alle Tage Brot, und nicht bloß Brot - sogar mit Marmelade!" Es ist ganz gut, sich daran einmal wieder zu erinnern und auch daran, wie oft wir damals gesagt haben: "Lieber alle Tage trocken Brot - aber niemals wieder Krieg!"

Es war eine Zeit der "Onkel-Ehen": viele Väter waren vermisst, und es war für Frauen mit Kindern sehr schwer durchzukommen. Andererseits waren manche Männer nach der Entlassung aus dem Militär irgendwo hängengeblieben, weil ihre Familie nicht mehr aufzufinden war, und warteten erst einmal ab, ob ihre Familie sich melden würde. Oft war da von Liebe wenig die Rede, es war einfach eine Notgemeinschaft auf Zeit. Für mich war das eine unbekannte Welt - ich war doch recht behütet aufgewachsen, wie ich eigentlich erst nachträglich feststellte. Es versetzte mir schon einen leichten Schock, als eine Mutter von sechs Kindern mir in aller Ruhe erklärte: "Ach Fräulein - wenn ich gewusst hätte, was ich heute weiß, ich hätte nie geheiratet! Das eine Kind hätte ich auch allein groß gekriegt - jetzt hab ich sechse und kann den Kerl auch noch mit durchschleppen!" Solche munteren Sünder wie dieser Vater überstehen natürlich selbst Weltkriege unbeschadet! -

Zwei gesundheitliche Probleme überschatteten die ersten Nachkriegsjahre: die Läuse und die Tuberkulose. *"Töte die Laus - sonst tötet sie dich!"*, schrien Plakate von allen Wänden: Flecktyphus war eine akute Gefahr. Und wenn die gewöhnlichen Haarläuse auch nicht so gefährlich waren wie die Filzläuse, die den Typhus übertragen - alle Sonnabende musste "gelaust" werden. Mit zwei Schiefergriffeln suchte die Lehrkraft die Köpfe ab, nach dem Motto: „Achter de Uhren, dor warden se gebuhren; in de Nack, da hollen se Gesellschap."

Wenn „Bienchen" oder Nissen gefunden wurden, musste die betreffende Schülerin zum Gesundheitsamt, bekam eine Terpentinhaube, wurde vorsichtshalber auch gleich auf Filzläuse untersucht und durfte erst wieder in die Schule kommen, wenn sie einen "Freischein" hatte. Aber es gab Familien, besonders unter den Umsiedlern, bei denen mehrere Menschen in einem Bett schlafen mussten, da war bald wieder alles beim Alten, da ja nur jeweils ein Familienmitglied in der Schule erfaßt wurde.

Dann kam der Tag, an dem alle Schüler zum ersten Mal nach dem Krieg wieder geröngt wurden: Ein Viertel meiner Schülerinnen erwies sich als TBCpositiv! Ein Viertelliter Milch extra war da schon viel... Jedenfalls leerte sich die Klasse daraufhin nicht sogleich, nur ein Mädchen wurde sofort in die Klinik eingewiesen.

Die Schwindsucht blieb auch in den folgenden Jahren noch ein Problem, bis Impfung, bessere Ernährung und bessere hygienische Verhältnisse sie wieder fast ganz zum Erlöschen brachten. Erschreckend für mich, wie gesund die Kinder aussahen, die besonders krank waren. Im vorigen Jahrhundert hatte man mehr Erfahrung mit den "Totenrosen" auf den Wangen gehabt. Ich kann mich aus meiner eigenen Schulzeit auf keinen Fall von Tuberkulose unter meinen Kameradinnen besinnen - erst nach dem Krieg holten uns die Verhältnisse ein, die z.B. in den besetzten polnischen Gebieten nach 1940 bestanden hatten. Auch die Lehrer wurden damals ziemlich oft geröntgt, weil doch immer die Gefahr bestand, dass man sich ansteckte.

"Mit wankenden Knien nähert sich Kollegin Huchthausen der 7a", sagte Frau B. eines Tages etwas boshaft, als sie mich vor der Tür sah, sozusagen ein Stoßgebet auf den Lippen. Die Schülerinnen, denen ich Biologieunterricht erteilte, waren durch die Schulversäumnisse gegen Kriegsende meistens schon 14 oder 15 Jahre alt und hatten allerlei erlebt - ich mit meinen 18 Jahren war für sie keine Respektsperson. Dennoch machten die beiden Parallelklassen mir nicht in gleicher Weise

Schwierigkeiten. Das lag meiner Ansicht nach weitgehend an der jeweiligen Klassenlehrerin, auch wenn sich nicht bestreiten lässt, dass jede Schulklasse eine eigene Persönlichkeit - als Gruppe - hat. Aber es gibt Lehrerinnen (gerechtigkeitshalber muss ich sagen, dass ich das bei Männern nie so erlebt habe), die ihre Klasse "auf den Mann dressieren", wie wir das nannten, obwohl man eigentlich "auf die Frau" sagen müsste. Das heißt, sie ermutigen ein sehr persönliches, oft auf Schwärmerei gegründetes Verhältnis zu sich selbst, lassen aber - bewusst oder unbewusst - durchblicken, dass es ihnen gleichgültig ist, wie andere Kollegen in der Klasse zurechtkommen. Und diese anderen haben es dann entsprechend schwer. Wenn sie sich einmal beklagen, heißt es mit Unschuldsmiene: "Das kann ich gar nicht verstehen - bei *mir* benehmen sie sich tadellos!" Für einen Anfänger kann das schon frustrierend sein.

Nicht dass es überhaupt viel Sinn hätte, sich zu beklagen. "Wenn du Lehrerin wirst, merk dir eins: Notfalls stirb auf dem Podium - aber nie und unter keinen Umständen ruf den Direktor zu Hilfe. Dann bist du endgültig erledigt!"

Diese goldenen Worte hatte mir Fräulein Ohlerich mit auf den Weg gegeben, eine ehemalige Lehrerin meiner Mutter, bei der ich später privat Englisch betrieben hatte und die wir beide, Mama und ich, gleichermaßen verehrten und liebten. Im Großen und Ganzen hatte sie damit recht. Niemand kann für einen anderen Disziplin halten, auch beim besten Willen nicht. Und wer sich öfter beklagt, zeigt im Grunde, dass er seinen Beruf nicht versteht. Auf der anderen Seite ist es aber durchaus möglich, als Klassenlehrer das Klima zu beeinflussen, die Schüler in einer wohlwollenden Haltung gegenüber den anderen Kollegen zu bestärken - oder eben nicht.

Mindestens in den unteren Klassen, bis in die fünfziger Jahre auch noch auf der Mittelstufe, hatte der Klassenlehrer jeden Tag ein bis zwei Stunden Unterricht bei den Seinen, da gewinnt man Einfluss. Das Verhältnis sollte aber überwiegend sachlich, nicht vorwiegend emotional geprägt sein - finde ich jedenfalls, dann hat es gute Chancen, dauerhaft zu werden, und die Gefahr, dass einzelne Schüler ausgeklammert bleiben, ist gering. Denn dass einem jede(r) einzelne seiner 30 Schüler(innen) sympathisch ist (und umgekehrt!), wäre schon ein Wunder zu nennen; das Verhältnis zu ihnen darauf aufzubauen ist also gefährlich. Insofern hatte Fräulein Hackbart sehr recht gehabt, meinem Wunsch "geliebt zu werden" sehr skeptisch gegenüberzutreten. Wer auf diesem Standpunkt beharrt, wird nie ein guter Lehrer. Es kommt schließlich auf das Wohl der Schüler, nicht auf die Befindlichkeiten des Lehrenden an: *sie* sollen etwas lernen, sollen daran möglichst Freude gewinnen, sollen zu tüchtigen, zuverlässigen, ehrlichen Menschen erzogen werden, die sich (trotzdem?) im Beruf und im Leben zurechtfinden - und wenn die Lehrerin oder der Lehrer dazu beigetragen hat, werden sie ihn oder sie früher oder später mindestens schätzen, vielleicht auch lieben. Das letztere ist ohnehin ein Ziel, das man nicht dadurch erreicht, dass man es anstrebt, nicht einmal im Privatleben...

In meiner ersten Stunde - ein Biologiebuch gab es natürlich noch nicht wieder -, hatte ich mich an Hand meines alten "Schmeil/Fitschen" auf "das Scharbockskraut" vorbereitet (Scharbockskrautspinat war damals ein beliebtes Wildgemüse-Gericht; auf dem Oberwall, bzw. auf den Abhängen zum Unterwall hin wuchs genug davon, und andere Vitaminträger waren rar). Blüten, Blätter, Wurzeln und Knollen, Verwendung gegen Skorbut - alles konnte ich im Geiste "abhaken" - und die Stunde war noch immer nicht zu Ende! Ich hatte mir den Stoff für das nächste Mal vorsichtshalber schon angesehen, aber auch "das Leberblümchen" war bald abgehandelt; die Klasse langweilte sich offensichtlich: ich verstand es noch nicht, sie in die Arbeit einzubeziehen. Immer noch trennten uns zwei Minuten vom erlösenden Klingelzeichen! Da plötzlich eine mitleidig-spöttische Stimme: "O Fräulein - Sie schwitzen aber!" Tatsächlich, der kalte Schweiß perlte mir nur so von der Stirn! Und im allgemeinen Gelächter ging das Klingelzeichen unter. Noch nach Jahren habe ich von dieser Stunde geträumt. Es ist eine Erfahrung, die jeder Anfänger macht, das "Mit-dem-Stoff-nicht-Ausreichen". In späteren

Jahren sind einem die Stunden eher zu kurz; nur Meistern ihres Fachs gelingt es (fast) jedesmal, genau zum Pausenklingeln mit Wiederholung - Einführung - Übung - Hausaufgabenverteilung fertig zu sein.

In diesem ersten Jahr spezialisierte ich mich auf Schuttflora: Trümmerplätze gab es schon in Sichtweite der Schule, dorthin konnten wir botanisieren gehen, ohne dass der Rahmen einer Unterrichtsstunde gesprengt wurde; man glaubt gar nicht, was auf so einem Schuttplatz alles wächst - und natürlich krabbelt. Der Gedanke, dass eine meiner Schülerinnen bei der Gelegenheit in einen Keller stürzen könnte, ist mir damals gar nicht gekommen. Die Kinder spielten auch in der Freizeit dort; ich war der Kinderzeit wohl noch nahe genug, um da sorglos zu sein. Die Altstadt war ja auch bereits 1942 in Trümmer gelegt worden, da waren die gefährlichsten überhängenden Wände 1946 schon beräumt; es waren eigentlich alles Schutthaufen im Wortsinne: Wollenweberstraße, Altschmiedestraße, überall da, wo jetzt die dreistöckigen Altneubauten aus den fünfziger Jahren stehen, zwischen denen noch 1989 hier und da Lücken klafften, die mittlerweile nach und nach geschlossen werden.

Dass ich so gut über Pflanzen informiert war, verdankte ich unserem Nachbarn, Herrn Professor Schulze, von dem ich in meinen Kindheitserinnerungen ausführlich berichtet habe (jetzt kann ich

28

seinen Namen wohl ruhig ausschreiben). Er saß arbeitslos zu Hause, auch nachdem die Universität wieder eröffnet worden war, weil er ein prominentes Mitglied der NSDAP gewesen war, und freute sich, ein paar Stunden geben zu können. Die Universität erlaubte auch, dass er einen Hörsaal benutzte, um etlichen Neulehrerinnen und Neulehrern, die ebenso ahnungslos waren wie ich, die Grundzüge unseres Faches nahezubringen - wir bezahlten jeder, entsprechend unseren Möglichkeiten, 20 Mark für den Kursus. Zu Hause war er auch ohne Bezahlung immer bereit, mir beim Bestimmen einer unbekannten Schuttpflanze zu helfen. In der Hinsicht war er nämlich anders als viele seiner Fachkollegen: Obwohl er Zoologe war, interessierte er sich auch für diese Art von "Alltagsbotanik". Auf Spaziergängen hatte er stets ein Tablettenröhrchen bei sich, das er nur hinzuhalten brauchte, und schon krabbelte irgendein Lebewesen hinein, über das er aufs Interessanteste zu erzählen wußte. Ich kann mich nicht besinnen, dass er sich je beklagt oder auf die Regierung geschimpft hätte. Wir, das heißt meine Mutter und ich, nahmen an, dass er nach dem Tod seines sehr geliebten Sohnes in Russland - vielmehr schon nach dessen Berichten im letzten Urlaub - begonnen hatte, sein Verhältnis zu Hitler zu überdenken. Die "Karenzzeit" des ehemaligen Rektors dauerte übrigens nicht gar so lange. Er hatte freilich niemanden denunziert oder dergleichen - aber das hatten viele meiner ehemali-

gen Kollegen, die 1990 gehen mussten, auch nicht...
1948 oder 49 schon erreichte ihn ein Ruf nach
Greifswald. Es war ihm jedoch nicht vergönnt, die
Stelle anzutreten: kurz darauf fand seine Frau ihn
tot am Schreibtisch sitzend, als sie von der Arbeit
nach Hause kam - Gehirnschlag, so nannte man es
damals. Frau Schulze hatte in dieser Zeit ihre mathematischen Kenntnisse zu praktischen Ehren gebracht und arbeitete inzwischen bei der Versiche-
rung. Später ist sie dann zu ihrer Tochter nach Süd-
afrika gezogen.

Wir mussten nach 1945 zweimal umziehen, weil
die jeweiligen Häuser von der Besatzungsmacht
requiriert wurden, schließlich fanden wir uns in
der Dehmelstraße 11 wieder - das muss 1947 gewesen sein, denn ich war noch an der Altstädtischen
Schule. Schulzes wohnten dort nicht mehr über
uns, sondern gegenüber auf der anderen Straßen-
seite.

Dieser letzte Umzug (wie der vorige mit nur 24
Stunden Zeit zum Räumen; bei Militärs muß es immer hopp-hopp gehen) erfolgte im Winter. Es war
so kalt, dass alle unsere Einkellerungskartoffeln
Frost bekamen und süß schmeckten, soweit sie
überhaupt zu retten waren. Ein großes Unglück,
das die kleinen Unbequemlichkeiten einer plötzlichen Räumung in den Schatten stellte - letztere
nahm man damals mit Gleichmut hin. Allerdings
kostete der Umzug auch nichts, das wurde alles
von der Obrigkeit organisiert. Die Dehmelstraße

war ein Villenviertel. Nummer 11 war mit Zentralheizung und einer großen Küche im Keller ausgestattet - jetzt wurden vier Familien eingewiesen. Das war in vieler Hinsicht problematisch. Wir kochten in der ehemaligen Bügelkammer, die eine offene Treppe in einen Kellerraum hatte, der jetzt unsere Vorräte beherbergte; die ehemalige Dienerschaftstoilette im Keller teilten wir uns mit der zweiten Partei im Parterre. In die Zimmer kamen transportable Öfen, was im Falle des kleineren Wohnzimmers genügte, um im Winter auf etwa 17° Celsius zu kommen, das riesige (und auch riesenhohe) "Schlafzimmer" war - der Täfelung und der dunkelgrünen Tapete nach zu urteilen - früher wohl das Esszimmer gewesen und überhaupt nicht warm zu bekommen. In den kalten Monaten waren wir also auf den kleinen Raum auch zum Schlafen angewiesen. Im Sommer konnten wir eine Veranda nutzen. Erst 1968 gelang es uns, eine eigene Wohnung in der Großen Mönchenstraße zu bekommen. Vor dem Umzug in die Dehmelstraße hatte ich noch die Masern hinter mich gebracht, die ich als Kind irgendwie verpasst hatte - sie wären mir beinahe zum Verhängnis geworden. Denn als die roten Flecken herauskamen, geriet ich in den Verdacht, Flecktyphus zu haben, und sollte schon auf die Seuchenstation gebracht werden - wenn ich mich recht erinnere, war die damals in der Nervenklinik in Gehlsdorf untergebracht. Als deus ex machina trat da ein alter Kunde des mütterlichen

Schokoladengeschäfts auf - Herr Professor Comberg, der Ophthalmologe der Universität. Er erklärte unseren erschreckten Nachbarn - wir waren damals noch drei Parteien in der Wohnung am Reifergraben, dabei mindestens drei Kinder -, sie könnten unbesorgt sein; als Augenarzt lege er seine Hand dafür ins Feuer, dass ich Masern hätte. Denn nur dabei und nicht bei Flecktyphus bekomme man eine derartige Bindehautentzündung! Meine Augen waren auch völlig zugeschwollen; denn als Erwachsener befallen einen solche Kinderkrankheiten ja immer viel schlimmer. Die Kinder hatten alle schon Masern gehabt, und die Mütter schenkten dem Professor Glauben und ließen mich in die Wohnung...

Als ich wieder gesund war, erfuhr ich, dass meine Klasse sich an zwei Tagen allein beschäftigt hatte, ohne irgendwie unliebsam aufzufallen. Ich hatte zwar die Krankmeldung sofort geschickt - aber dem Rektor war sie irgendwie unter einen Stapel Akten gerutscht. Erst als eine Mutter in die Schule kam und sagte, Anneliese Jacobs mache das ja ganz gut, und die Schüler hätten immer gelesen und gerechnet, aber auf die Dauer sei das ja wohl doch nichts, merkte er, was los war! Der Klassenraum lag allerdings in einem kleinen Flur für sich allein - aber die Mädchen hatten sich doch so ruhig verhalten, daß nicht gleich Kollegen aus dem oberen Stockwerk angestürzt kamen, um nachzusehen, was los sei. Ich möchte wohl wissen, was meine kleine Vertreterin später für einen Beruf ergriffen hat! Diese Klasse hatte ich nun schon das zweite Jahr, und die Mädchen waren es gewohnt, sich gelegentlich unter der Leitung einer Mitschülerin ein paar Minuten allein zu beschäftigen. Sie waren überhaupt recht selbständig. Ich war ziemlich stolz auf sie.

Damals war eine Reihe der Schulanfänger durch die vorangegangene Flucht überaltert, und es gelang mir, drei von ihnen so zu fördern, dass sie Ende des zweiten Schuljahres in die 3. Klasse übergehen und dann mit in die 4. versetzt werden konnten, ohne in den Leistungen merklich abzufallen. Aber gerade die dritte Klasse ließ sich ganz gut überspringen, wenn man begabt und dazu fleißig war. Natürlich mussten die beteiligten Lehrer sich auch ein bisschen um die "Springer" kümmern. Leider erstarrte das Schulsystem im Laufe der Zeit immer mehr, schon in den sechziger Jahren wäre so etwas sicher kaum noch möglich gewesen. Dass es in diesem Falle gelang, lag vielleicht auch daran, daß Rektor Brüsehaber eben ein wenig "genial" war und die Sache sicher gar nicht erst beim Schulrat zur Sprache brachte. Als OdF (Opfer des Faschismus) traute er sich so etwas zu. Wir versuchten es halt - und es glückte. Die Mädchen hätten die Option gehabt, sich in die reguläre Klasse zurückfallen zu lassen, wenn es ihnen zu schwierig geworden wäre.

Ende 1947 legte ich die Erste Lehrerprüfung ab. Eine der Stunden war Biologie; ich behandelte den Regenwurm. Beanstandet wurde nur, dass ich zu viel gelächelt hätte, sonst lief alles gut ab, einschließlich der Versuche. An das Thema der zweiten Stunde - in meiner 2. Klasse, nehme ich an -, kann ich mich gar nicht mehr besinnen, obwohl sie für meine weitere Laufbahn bestimmend wurde. Unter den Prüfern war nämlich Herr Alm, der damals den Auftrag hatte, in der ehemaligen Hilfsschule in der Augustenstraße, der Steintorschule, eine Vorführschule für die Lehrerausbildung einzurichten, und sich seine Lehrkräfte an den Rostocker Schulen aussuchen durfte. Er entschied sich auch für mich.

Es war ein kleines Gebäude, in das ich nun versetzt wurde, die Räume fassten nicht mehr als 25 Schüler - das war natürlich ideal für den Unterricht. Auch an dieser Schule wurde vormittags und nachmittags im Wechsel unterrichtet, wir hatten einen Mädchen- und einen Jungenzug. Die Neulehrer erhielten damals schon eine gründlichere Ausbildung als ich 1945, sie dauerte 8 Monate, wenn ich mich recht besinne. An einigen Tagen in der Woche kamen sie zum Hospitieren zu uns, stets am Vormittag. So sahen sie abwechselnd eine Jungen- und eine Mädchenklasse. Ich bekam wieder eine 1. Klasse.

34

Den Kindern machte das Hospitieren - oder eigentlich das Anhospitiertwerden - nach kurzer Zeit nichts mehr aus. Besonders die Kleinen waren dabei ganz unbeschwert und spielten in den Pausen weiter "Schule". "Und ihr drei setzt euch an die Seite! Ihr seid die Hospitanten!" hörte ich einmal die energische Ursel das Spiel organisieren. Auch die Lehrkräfte gewöhnten sich bald daran, oft Zuhörer zu haben - in der Nachmittagswoche war man ja auf alle Fälle mit seiner Klasse allein. In dieser Schule waren mehr männliche Kollegen als in der Altstadt. Im Mädchenzug Herr Adler, der noch mit der Geige unterm Kinn Musikunterricht erteilte, denn in den Dorfschulen hatte es bis zu diesem Zeitpunkt wohl nie, und in den Stadtschulen nicht immer ein Klavier gegeben, und Herr Möller, der hagere Mathematiklehrer. Letzterer beherrschte die Kunst, sozusagen aus dem freien Stand ungemein zornig zu werden, ohne sich dabei im Geringsten aufzuregen: Die Klasse widerhallte, die Sünder zitterten - und Herr Möller ging aus der Tür und biss schon auf der halben Treppe seelenruhig in sein Frühstücksbrot... Echte Wutanfälle des Lehrers sind der Disziplin in keiner Weise förderlich, im Gegenteil. Nicht umsonst heißt es "ent-rüstet": Wer die Beherrschung verliert, legt seine Rüstung ab, wird verwundbar und lächerlich. Aber ein gut vorbereiteter Ausbruch pädagogischen Zorns kann Wunder wirken - man muss nur innerlich kühl genug bleiben, um die Wirkung in der Hand zu behalten. Königin Elisabeth I. von England soll das meisterhaft gekonnt haben, aber es ist nicht einfach. Herr Möller war da offenbar ein Naturtalent. Es wirkte immer, obwohl die Schüler doch genau wussten, dass er ihnen nichts tun würde. Dafür hatte die Schulverwaltung von Anfang an gesorgt - und diese Weisung auch überall publiziert: Geschlagen werden durfte unter keinen Umständen.

Als ich in der Altstadtschule meine Lehrertätigkeit aufnahm, benutzten wir zunächst alte Klassenbücher weiter. Da fand ich noch Eintragungen vor wie: "Elsa X: sechs Schläge wegen Unfleiß". In der Zeit vor 1945 hatte die Lehrerin also unter Umständen körperlich züchtigen dürfen, das aber im Buch festhalten müssen. Ich kann mich aus meiner eigenen Schulzeit an so etwas nicht besinnen - aber da lag der Beweis.

Strafen in der Schule - das ist ein weites Feld. Ob es der Lehrkraft gelingt, ein Vertrauensverhältnis zu den Schülern aufzubauen, bei dem körperliche Züchtigung einfach kein Thema ist, das liegt meiner Ansicht nach nicht zum Wenigsten an der Haltung der Eltern der Schule gegenüber. Wenn sie die Autorität der Schule stützen, ist es sehr viel leichter, als wenn sie gleichgültig sind - aber wenn sie sie bewusst untergraben, wird es kritisch. "Das habe ich meinem Sohn gesagt: Wenn der Lehrer dich auch nur anrührt, du verlässt sofort die Klasse - der kann dir gar nichts, gar nichts!" Das kann praktisch als Aufforderung wirken, zu versuchen, den Ärmsten zum Äußersten zu treiben - ich höre immer noch den Ton der Mutter, die die angeführte Ansicht beim Bäcker stolz verkündete.

Als ich dies geschrieben hatte, ging ein Fall durch die Presse: In Singapur war ein junger Amerikaner zu sechs Stockhieben wegen Vandalismus verurteilt worden (er hatte Autos mutwillig beschmiert und beschädigt), außerdem zu einer Geldstrafe und vier Monaten Gefängnis. Der Vater war entrüstet und wandte sich an die Öffentlichkeit - aber zu seinem Entsetzen bekam er eine Flut von Anrufen und Briefen, die das Verfahren guthießen und nur bedauerten, dass so etwas in den USA nicht möglich sei, besonders die Prügel fanden sie berechtigt (Newsweek, 18.4.94). Das löste eine Diskussion im ganzen Lande und über die Grenzen hinweg aus. "Zurück ins Mittelalter" kann sicher in Disziplinfragen nicht die richtige Devise sein - aber man sieht, dass "etwas faul ist im Staate", wie Hamlet einst bemerkte. Denn da entlädt sich doch offensichtlich der ohnmächtige Zorn derer, die unter solchem Vandalismus (und Schlimmeren) selbst leiden und keinen Ausweg sehen.

Bei der Bekämpfung, oder besser doch wohl: Vermeidung von Jugendkriminalität - heute muss man ja auch schon in Deutschland von "Kinderkriminalität" sprechen - trägt die Schule ein gut Teil Verantwortung; aber allein kann sie es nicht schaffen, auch wenn alle Lehrer als Meister ihres Faches Gewaltlosigkeit und friedliche Konflikbewältigung üben und einüben. Zu viele "Miterzieher" - und Gegenkräfte sind am Werk. Aber das ist ein weites Feld, dahin will ich mich nicht verirren.

Die Jahre zwischen 1945 und 1949 waren auch für uns entschieden magere Jahre, besonders da meine Mutter, soweit ich mich darauf besinne, als Selbstständige nur eine "Sonstige" Lebensmittelkarte bekam, das war die kleinste Ration. Zeitweilig ging es ihr gesundheitlich so schlecht, dass sie zusätzlich auf ärztliches Attest einen Viertelliter Magermilch täglich erhielt! Trotzdem konnten wir immer noch von Glück sagen, denn eine ganze Reihe der alten Kunden vergaßen nicht, wie große Mühe meine Mutter sich mit der Zuteilung der Süßigkeiten im Krieg gegeben hatte; einige kamen sogar von Brinckmansdorf immer in die Stadt, um ihre Lebensmittelzuteilung bei ihr zu kaufen - wenn auch andere, die es nicht so weit gehabt hätten, jetzt lieber in den wieder eröffneten Konsum gingen, wegen der Rabattmarken. Mehr noch, die Brinckmansdorfer brachten gelegentlich ein bisschen Obst aus dem Garten mit...
Außerdem gab es die höchst unhygienische Möglichkeit, gegen Abgabe von Zucker Süßwaren einzukaufen. Die Lebensmittelhändler bekamen eine gewisse Menge, hauptsächlich Fondants, als Vorschuss. Im Laden wurde dann der abgelieferte Zucker gesammelt (nicht selten 100g-weise!), in die Bonbonfabrik gebracht, wenn etwa 10 kg beisam-

men waren, und dann gab es wieder eine Lieferung. - Unvorstellbar! Es gab Kunden, die ein Kilo und mehr braunen Zucker brachten, aber wer da eine Zuteilung erhielt, die dann hierfür verwendet wurde, oder wie sie sonst dazu kamen, weiß ich nicht mehr - wenn ich es je gewusst habe. Jedenfalls, wenn es extrem selten vorkommt, dass ein Koch verhungert, so ist es mit einem Lebensmittelhändler ähnlich - nicht durch kriminelle Schieberei, sondern weil Kunden spezielle Wünsche haben: Grieß statt Haferflocken, einen kleinen Vorgriff auf die Zuteilung der nächsten Dekade oder auch die Möglichkeit, ein paar Marken für die Hochzeit "anzusparen" (also die verfallenden Oktobermarken gegen Novembermarken oder "Reisemarken" einzutauschen). Es gab auch Kunden, für die 150g Zucker oder Nährmittel kein Problem waren, die aber in ihrem Haushalt keine bunten Flikken auftreiben konnten, wie man sie für eine der niedlichen Kunstgewerbepuppen brauchte, die wir auch im Angebot hatten - irgendwie wäscht dann eben eine Hand die andere... Einmal hat Mama die Abendvorstellung von "Othello" gerettet, indem sie der Desdemona ein halbes Pfund Haferflocken schenkte: die Sängerin saß weinend im Laden - ihre Lebensmittelkarten waren abgekauft, und das erwartete Paket von zu Hause war nicht gekommen! Schlimm für alle war die Kohlenknappheit - und besonders kleine Jungen wurden oft zum Kohlenbesorgen auf den Güterbahnhof geschickt: Einer kletterte auf den Waggon und warf möglichst viele Briketts herab, die anderen sackten ein. Es kam immer wieder zu schrecklichen Unfällen, aber die Not war zu groß. Selbst meine preußisch korrekte Mutter wurde schwach, als auf der Reiferbahn eine leerstehende Baracke aufgebrochen war: Sie rief mich, wir schlossen uns den "Abräumenden" an und schleppten auch einiges Brennbare nach Hause. Am nächsten Morgen war da nur noch eine leere Stelle. Wie bei Brecht das gestürzte Pferd spricht: *"...zehn Minuten später lagen nur noch meine Knochen auf der Straße!"* - aber solch eine barbarische Aktion habe ich denn doch nicht erlebt.

1948 hatte ich mich gehaltsmäßig bereits auf etwa 250 Mark im Monat hinaufgeschraubt, und wir kamen gemeinsam einigermaßen zurecht.
Aber das muss man sagen: im Lebensmittel-Kleinhandel sind keine Schätze zu gewinnen, dafür ist die Handelsspanne (der Unterschied zwischen Einkaufs- und Verkaufspreis) zu niedrig - immer noch. Außerdem waren die Preise für die Grundnahrungsmittel nicht nur absolut bescheiden, das blieb ja die ganze DDR-Zeit so. In der Nachkriegszeit kam hinzu, daß alles dekadenweise in winzigen Mengen abgegeben wurde:
Wer kauft normalerweise schon 150 g Grieß oder 165 g Zucker! Diese Mengen wechselten obendrein ständig, denn die Monate haben bald 30, bald 31 Tage, und außerdem waren fünf verschiedene Ka-

tegorien von Lebensmittelkarten zu berücksichtigen. Wie leicht konnte man sich da verrechnen!

Natürlich gab es solche krummen Mengen auch nicht abgepackt - das heißt: Von einem Verdienst von wenigen Pfennigen musste der Kaufmann auch noch die Tüte bezahlen.

Ohne die Puppen, die Bilder und die Kunstgewerbeartikel wäre es kaum zu schaffen gewesen. Als in diesem Jahre die HO (die staatliche Handelsorganisation) gegründet wurde, wo es ohne Marken für teures Geld Kuchen, Würstchen und manches andere zu kaufen gab, konnten wir da nur ganz selten etwas erstehen.

ÜBERGANG IN DIE
DEUTSCHE DEMOKRATISCHE REPUBLIK

1. September 1949. Der erste Tag des neuen Schuljahres war in dieser Zeit immer besonders spannend - nur zu oft stellte sich heraus, dass irgendeine Lehrkraft die großen Ferien genutzt hatte, um sich in den Westen abzusetzen; und wenn es nur eine war, konnte der Direktor noch von Glück sagen. Auf diese Weise nahm der oder die Betreffende das Gehalt für Juli/August noch mit... Ich habe diese Methode immer schäbig gefunden, den Schülern gegenüber, denn ein gleichwertiger Ersatz war zu diesem Zeitpunkt kaum mehr zu finden. Von "akuter Gefährdung" des oder der Verschwundenen konnte ja keine Rede sein, wenn eine(r) so in aller Ruhe günstig plante. Aus einem solchen Grunde bekam ich in diesem Jahre eine 5. Klasse, und eine junge Absolventin übernahm die mir ursprünglich zugedachte 2. Klasse als "geringeres Risiko". Ich hatte zwar auch vorher schon in der Mittelstufe unterrichtet, aber immer nur Biologie, allenfalls auch einmal Physik - das waren relativ ideologiefreie Fächer, wie man sagte. Nun aber wurde ich Klassenlehrerin; und mit der Volkskongress-Bewegung, der Währungsreform, der Gründung der BRD und dann der DDR - und etwas später mit dem Marshallplan standen lebhafte Diskussionen ins Haus. Die Ansichten der Eltern - die von den Schülern natürlich treulich

reproduziert wurden - gingen weit auseinander. Ich selbst war hauptsächlich bestrebt, es nicht zu einem Eklat kommen zu lassen und die Kinder möglichst nicht in Konfliktsituationen zu bringen, denen sie gar nicht gewachsen sein konnten. Ich besinne mich auf zwei Elternbesuche, bei denen ich sagte: "Sie müssen wissen, ob Ihre Tochter um jeden Preis die Märtyrerlaufbahn einschlagen soll - falls nicht, so lassen Sie sie nicht immer 'Echo des Tages' und RIAS unter Ausschluß jeden hiesigen Rundfunksenders hören...". Denn es war schon eine Mutter bei mir gewesen, um sich bitter über die "reaktionären Äußerungen" etlicher Mädchen in den Pausen zu beschweren.

Das Selbstzitat von der Märtyrerlaufbahn stand schon monatelang in diesem Text, bis mir klar wurde, wie eindeutig es die Lage und mich selbst kennzeichnet. Ich habe damals als selbstverständlich vorausgesetzt, daß es Unannehmlichkeiten für die beiden Familien geben würde, wenn jemand die Äußerungen der Kinder an der falschen (bzw. richtigen) Stelle meldete. Und ich habe darauf nicht mit Empörung über diesen Staat reagiert, sondern mit einer drastischen Variante des Spruchs, der in meiner Familie schon seit 1900 eine Art Motto war: "Sage nicht alles, was du weißt, aber wisse immer, was du sagst" - und zu wem! möchte ich hinzusetzen. Ich sehe jetzt, daß man das nicht nur unter "elementare Lebensklugheit", sondern auch unter "Heuchelei" verbuchen kann, sozusagen als passive Heuchelei. Und insofern habe ich dann, um die heute so oft gestellte Frage zu beantworten, meine Schüler zum Heucheln angehalten. Aber sie eben auch abzuhalten versucht von unkontrollierten Schwätzen mit Gottweißwem über Dinge, die sie selbst nicht beurteilen konnten. Allerdings hat diese Maxime uns - meine Vorfahren und mich - nicht gehindert, auch Vorgesetzten etc. gegenüber unsere wohlerwogene Ansicht zu vertreten, auch wenn sie gerade unpopulär war - aber eben: eine wohlerwogene Ansicht, die wir dann auch begründen konnten, und in Fragen, die uns oder unseren Schutzbefohlenen wirklich lebenswichtig waren.

Jedoch, das muß ich gestehen: nicht in allen entscheidenden Fällen - in dem Punkte muß ich, wie viele andere Bürger meines ehemaligen Staates, wirklich Schuld suchen und bekennen, das wird noch eine Rolle spielen.

Ich bin auch in einer Zeit, als ich an einen Eintritt in die Partei überhaupt nicht dachte, gewesen, was man einen loyalen Staatsbürger nennt. Das heißt, ich habe beispielsweise in der Diskussion mit den Schülern über den Marshall-Plan die Regierungsposition vertreten, dass es nicht gut sein könne, sich für Hilfslieferungen in Abhängigkeit von den USA zu begeben, und andere Ansichten zu widerlegen versucht, aber nicht als Provokation abgestempelt oder irgendwie sanktioniert. Meine *erste* Aufgabe habe ich jedoch in der Vermittlung von anwendungsfähigem Fachwissen gesehen. Ich kann mich insofern freisprechen von dem Vorwurf, Heuchler erzogen zu haben, als in meinen Stunden niemand Wissen und Können "durch stramme Haltung" ersetzen konnte.

Solange ich Deutschunterricht erteilt habe, wurden Lippenbekenntnisse in Aufsätzen weder ermuntert noch honoriert - ein Problem, das bei Christa Wolf im "Nachdenken über Christa T." eine Rolle spielt. Als ich in den fünfziger Jahren studierte, pflegte einer unserer Ge-Wi(Gesellschaftswissenschaftliches Grundstudium)-Dozenten, der spätere Rektor Heidorn, - weiß Gott ein "scharfer Hecht"! - zu sagen: "Dies ist eine Wissens-, keine Gewissensprüfung," - und er hielt sich daran. In diesem Sinne etwa habe ich entsprechende Themen damals auch formuliert, ohne dass ich deshalb jemals Ärger bekommen hätte. Aber ich hatte auch vernünftige Chefs, muss ich sagen...

Wenn ich Sendungen von "drüben" hörte, waren immer Berichte über hiesige Zustände dabei, die übertrieben oder schlechthin falsch waren; und wie es später zum Verderben der DDR beitrug, dass die Berichte über die eigene Wirtschaft so oft gelogen waren, dass man dann auch alles andere nicht mehr glaubte, so entwerteten damals erkennbare West-"Enten" für mich den Rest der Nachrichten... (Auch) deshalb habe ich mich nicht wirklich intensiv, nicht intensiv genug, um eine Überprüfung der hiesigen Darstellung der Verhältnisse bemüht, was ja auf anderem Wege zwar kompliziert, aber doch möglich gewesen wäre. Meine wenigen, entfernten Westverwandten waren allerdings allesamt keine Quellen von tiefgehender politischer Hintergrundinformation, Besuche dort waren uns ohnehin etwas peinlich, weil wir drüben ja kein gültiges Geld hatten - wird sind auch vor 1961 kaum gefahren. Dennoch: wenn ich unbedingt gewollt hätte, wäre etwas zu machen gewesen, andere haben es schließlich auch geschafft. Ich hatte offenbar eine innere Hemmung - denn insgesamt hatte ich eher ein positives Vorurteil für "die Unseren" - warum eigentlich?

Ich bin zu Hause zu einiger Nüchternheit erzogen worden. Auch meine Mutter tröstete sich bei so manchem, was uns an der SBZ und dann der DDR nicht sonderlich gefiel, mit dem Gedanken: "Der ganze Schlamassel wäre nicht gekommen, wenn Deutschland diesen Krieg nicht begonnen hätte - also, was soll's." Was aber die Schule anging, so sah ich die Bildungsmöglichkeiten, die sich für viele eröffneten, die sie früher nicht gehabt hatten; und das ist für mich immer ein sehr gewichtiger Grund gewesen, der *für* das hiesige System sprach. Ich habe in meinen Kindheitserinnerungen erzählt, wie es meinem Vater erging, der trotz aller Begabung nicht die Möglichkeit bekam, eine höhere Schule zu besuchen. Auch meine Mutter hatte sich ihren Wunsch, Lehrerin zu werden (und sie hätte dazu ein großes Talent gehabt, wie sich zeigte, wenn sie meine Schulklasse bei Wanderfahrten als zweite Aufsichtsperson begleitete!) nicht erfüllen können, weil sie gleich Geld verdienen musste. So sah ich keinen Grund, warum die bisher Privilegierten nun nicht ein bisschen zurückstecken sollten. Es ging schließlich nicht um eine völlige Versperrung, nur um eine Erschwerung des gewünschten Weges. Ich gehörte inzwischen (als Kaufmannstochter) selbst in diese Gruppe, so dass ich zunächst nicht zum Studium kam - also war meine Billigung des Vorgehens disinterested - für diesen englischen Ausdruck gibt es einfach keine gleichwertige Übersetzung ("frei von persönlichem Interesse" ist doch sehr gestelzt).

Auch von der Notwendigkeit der Bodenreform ließen wir uns überzeugen - wie hätte man die vielen Umsiedler auch gerade in Mecklenburg anders unterbringen wollen, wenn wir es ernst meinten mit dem Verzicht auf jeden Revanchegedanken?
Uns jedenfalls war es ernst damit, obwohl die Familie meiner Mutter aus Ostpreußen stammte und auch das Gut ihrer (nicht etwa adeligen oder kriegsverbrecherischen) Verwandten auf Rügen enteignet wurde. Der Grundsatz, dass Boden Eigentum der Gesamtheit, den Einzelnen nur zur Nutzung überlassen, bleiben sollte, finde ich übrigens immer noch richtig.
Weiter komme ich jetzt nicht mit diesem Problem.

Wilhelm Pieck war der erste Präsident der Deutschen Demokratischen Republik - und, wie das früher so zu sein pflegte, sein Geburtstag wurde festlich begangen. Hierbei aber ergab sich ein Problem: sein Ehrentag fiel auf den 3. Januar, der nach altem Brauch noch in die Weihnachtsferien gehörte! Irgendein Übereifriger machte natürlich Miene, die Ferien zu Ehren des Präsidenten um einen Tag zu verkürzen, damit gebührend gefeiert werden könnte. Aber "unser Wilhelm", der Humor hatte und seine Landeskinder ganz gut kannte, verbat sich das energisch. Die Liebe aller Schüler und Lehrer war ihm damit sicher!

Im allgemeinen erzielte ich mit meinen Schülern abrechenbar gute Ergebnisse - die Kleinen konnten nach einem Jahr lesen, die Größeren bewältigten Bruchrechnung und Zeichensetzung, die Zahl der Sitzenbleiber war gering, ohne daß dabei gemogelt worden wäre - den ersten massiven Ärger gab es bei der Gründung der Pionierorganisation. Die Lehrer wurden dazu angehalten, die Sache in ihren Klassen zu betreiben und sich am Nachmittag aus einem Lehrer in einen Pionierleiter zu verwandeln. Ich fand diese Idee nie glücklich, ebensowenig wie ich etwas von Müttern halte, die meinen, sie seien "die Freundin" ihrer Töchter: Kinder möchten gleichaltrige Freundinnen haben - und von der Mutter erwarten sie, dass sie größere Lebenserfahrung ins Spiel bringt, ebenso von der Lehrkraft.

Wir hatten eine junge Russischlehrerin, die sich von der Begeisterung hinreißen ließ, sich mit den älteren Schülerinnen zu duzen - das endete nach weniger als einem halben Jahr damit, dass die junge Enthusiastin an eine andere Schule versetzt werden musste, weil sie im Unterricht einfach keine Disziplin mehr halten konnte. Eine gewisse Distanz ist notwendig; und zwischen Lehrer und Schüler muss sie größer sein als zwischen Pfadfindern etc. und ihrem Gruppenleiter - wie immer die Bezeichnung im Einzelnen heißen mag, auch wenn die Lehrkraft noch jung ist - gerade dann.

Der letzte Absatz klingt, wie ich beim Wiederlesen merke, sehr kategorisch. Ich habe tatsächlich Kolleginnen kennengelernt, die sozusagen die Autorität zeitweilig niederlegen und bei Bedarf ohne Mühe wieder aufnehmen konnten - wenige. Ich selber aber habe nach den Schwierigkeiten im ersten Jahr meiner Schultätigkeit lieber auf Distanz gehalten, bis es mir zur zweiten Natur wurde.

Die Zielsetzung der neuen Kinderorganisation war eminent politisch - das wurde anfangs noch nicht so offen betont wie später, aber es zeichnete sich ab. Ich erklärte mich zu einer Tätigkeit in diesem Rahmen bereit, als das Drängen kein Ende nahm, aber unter der Bedingung, dass keine Schülerin meiner Klasse zum Eintritt in die Pionierorganisation gezwungen werden würde, wenn sie an den Veranstaltungen teilnähme. Denn ich vermutete, dass mindestens die Hälfte der Eltern den Eintritt in die

Organisation zunächst ablehnen würden und höchstens nach und nach durch Erfolge gewonnen werden könnten.

Aber wenn ich es inzwischen auch gelernt hatte, Grammatik und Biologie für die Schüler interessant zu machen - zündende Ideen für eine kreative Freizeitgestaltung in einer Form, die den Kindern die Initiative weitgehend überlassen hätte, und das alle Woche wieder, sind etwas ganz anderes. Es kamen bloß diejenigen, die nichts Besseres vorhatten - und die waren auch nicht in der Lage, meine Defizite auf diesem Sektor auszugleichen, natürlich nicht, sonst hätten sie ja keine Organisation gebraucht.

Ich hatte auch mehr Schwierigkeiten, Problemkinder in der Freizeit, teilweise außerhalb des Schulgeländes, zu steuern als während des Unterrichts. Ein Mädchen, das schon einmal sitzengeblieben war, setzte beispielsweise ihre entsprechend größere Körperkraft ziemlich rücksichtslos ein. Ich erklärte ihr nun, Pionier zu sein, sei etwas Ehrenvolles; da sie sich so rüpelhaft betrüge, hätten wir kein Interesse daran, sie auch noch am Nachmittag in unserer Mitte zu sehen.

Sicherlich keine inspirierte Reaktion, ich war einfach frustriert.

Kurz darauf ließ mich der Direktor rufen und teilte mir mit, es seien Klagen gekommen, dass ich Kinder aus der Arbeiterklasse diskriminierte! - Ich kam mit dem Schrecken davon, denn Herr Alm hatte sich gleich mutig dazwischengeworfen - aber ich war verblüfft und gekränkt.

Ich war mit den Arbeiter-Eltern immer gut ausgekommen, und hatte auch in diesem Falle das schlechte Benehmen nicht mit Klassenzugehörigkeit in Beziehung gesetzt - bei jeder anderen hätte ich auch so reagiert. Na - nun blieb also Erna bei den Pionieren - und die guten Schüler "aller Gesellschaftsklassen" blieben weiterhin weg. Etwas später bekam ich dafür die Quittung. Ich war für eine Auszeichnung vorgeschlagen worden, erhielt sie aber nicht, weil jemand darauf hinwies, dass in meiner Klasse nur relativ wenige Schüler Pioniere seien. Dies erfuhr ich, wie das so geht, auf einem Umweg - eine Kundin, die bei der entsprechenden Sitzung dabeigewesen war, erzählte es meiner Mutter. Die Sache entbehrte nicht eines grotesken Zuges, denn zu den Nichtpionieren unter meinen Schülerinnen gehörte auch die Tochter eben dieses aufmerksamen Kollegen und Genossen St. selbst; die Eltern hatten ihr den Beitritt offenbar nicht nahegelegt und erst recht nicht mit mir darüber gesprochen, wie etwa die Akzeptanz für die Organisation verbessert werden könnte. Noch eine Weile, und dieser tüchtige Mann wurde Direktor einer Erweiterten Oberschule. Noch eine Weile, und der Genosse St. "floh" in den Westen, nachdem etliche Mitglieder der "Jungen Gemeinde" kurz vor dem Abitur von seiner Schule verwiesen worden waren, was sich bei einer anderen Taktik durchaus hätte vermeiden lassen, wie sich an etlichen anderen Schulen erwies. Ich möchte wohl wissen, was er den Befragern im Auffanglager Friedland aufgetischt hat...

Es dauerte ein paar Jahre, dann war die allgemeine Zugehörigkeit zu den Jungen Pionieren nahezu völlig durchgesetzt - die Eltern sahen sie mindestens als fortkommensförderlich an. Als es dann besonders ausgebildete PionierleiterInnen gab, machte es den meisten Kindern auch Spaß, wie ich hörte - mindestens bis zur Mittelstufe. Die großen Pionierhäuser hatten - kostenlos oder sehr preiswert - Freizeitangebote musischer und auch wissenschaftlich-technischer Art. Natürlich wurden die Kinder im sozialistischen Sinne beeinflusst, manches hätte ich als Mutter bestimmt überzogen gefunden. Andererseits ist das Ergebnis des Selbstlaufs auf der Straße auch keineswegs immer ansprechend.
Ich habe jedoch keine direkten Kenntnisse der weiteren Pionierarbeit, ich war seit 1952 nicht mehr an der Grundschule tätig, habe mich freiwillig nie wieder damit befasst und hatte keine kleinen Verwandten im Pionieralter - ich überlasse das Thema Berufenen.

Weil man sich einige der damaligen Alltagsprobleme doch nicht mehr so recht vorstellen kann, will ich hier die "Schuhodyssee" einschalten. Schon gegen Ende des Krieges war es um die Schuhversorgung schlecht bestellt. Alles Leder wurde für die Soldaten gebraucht und reichte nicht einmal mehr für sie - die Zivilbevölkerung musste sich mit Sandalen und Schuhen aus Igelit, einer Art Plastik, behelfen. Nach dem Krieg wurde das zunächst nicht viel besser. Das Paar Lederschuhe auf Bezugschein wurde für den Winter dringend gebraucht - was also tun? Als ein Paar neue Sandalen, gar nicht so billig im Vergleich zu meinem Gehalt, auf dem Weg vom Schuhgeschäft nach Hause schon entzweigingen, weil die Sohlen zu schwer für die tragenden Riemchen waren, hatte ich es satt. Ich machte es ebenso wie eine Reihe meiner Schüler: Ich ging am nächsten Morgen barfuß in die Schule. Den Kindern war das keinen Kommentar wert, aber Herr Alm war entsetzt. Er alarmierte den Schulrat - was sollte die Welt von uns denken, wenn sie die Nachricht erreichte, dass hierzulande schon Lehrer barfuß gingen??

Und siehe da - nach nur drei Tagen erhielt ich einen Bezugschein für ein Paar Schuhe, anzufertigen in Kröpelin, 30 km von Rostock entfernt. Und so geschah es. Ich bekam ein Paar robuste Wanderschuhe, die mir lange Zeit treue Dienst leisteten.

Ein anderer Versuch, der Schuhkalamität abzuhelfen, wäre mir fast zum Verderben geworden. Irgendwann erschien ein Rumäne mit schönen Herrenschuhen in Rostock, die er aber nur gegen Gold verkaufte. Mit der Größe ging es, und Mama opferte ein Stück eines Ringes. Sie selbst musste seit langem orthopädische Schuhe tragen, ihr nützte das Angebot also nichts. Höchst vergnügt wanderte ich mit den neuen schwarzen Schuhen los - da ich im Winter wegen der Kälte in Schule und Wohnung immer lange Hosen aus einer alten Wolldecke trug, fiel die Tatsache, dass es keine Damenschuhe waren, auch nicht so auf wie bei einem Kleid.

Ein bisschen rieben sie zuerst am Hacken, das gab sich jedoch bald. Aber nach einer Weile bekam ich Schmerzen in der Kniekehle, die immer schlimmer wurden, dann hohes Fieber; mir war schießlich alles gleichgültig. Da bestand meine Mutter darauf, dass ich in die Klinik überwiesen wurde - zu den Franziskanerinnen in der August-Bebel-Straße - und Herr Professor Franke stellte fest, dass ich eine böse Lymphknotenentzündung hatte, kurz vor der Blutvergiftung. Darauf war niemand gekommen, weil die Schmerzen so weit weg von der inzwischen längst verheilten Ferse auftraten. Ich wurde unter Narkose geschnitten, und ein paar Tage später war alles wieder gut.

STUDIENWÜNSCHE

In regelmäßigen Abständen hatte ich schon seit 1947 versucht, die Erlaubnis zum Studium der Klassischen Philologie (Latein und Griechisch) zu erhalten. Die Universität war bereit, mich zu nehmen, denn ich hatte inzwischen das sog. große Latinum nach privater Vorbereitung an der Großen Stadtschule abgelegt. (Wenn ich bedenke, was für Schwierigkeiten 1995 einer meiner Privatschüler hatte, der sein Volkshochschul-Abitur um eine Prüfung in der zweiten Fremdsprache komplettieren wollte - es dauerte Monate, bis wir durch den Behördendschungel zum Ziel kamen - so bin ich immer noch froh über das selbstverständliche Entgegenkommen, das ich damals fand!) Aber der jeweilige Schulrat lehnte meinen Antrag alle Jahre wieder ab, auch nachdem ich die Zweite Lehrerprüfung mit gutem Erfolg hinter mich gebracht hatte - an Latein- und Griechischlehrern hatte die Schulaufsicht kein Interesse.

Biologie, das hätten sie noch eingesehen; aber das Fach wollte ich nicht studieren, obwohl ich es unterrichtete: Ich kann nicht zeichnen, aber ein Biologe muss es können, das gehört zum Mikroskopieren einfach dazu - oder ob man das heute alles schon mit dem Computer macht? Und überhaupt...

Als die 10-klassige Allgemeinbildende Polytechnische Oberschule (POS) dann schrittweise für alle Schüler eingeführt wurde, machte ich sogar noch

...s mit, um die Lehrbefähigung in Deutsch ...sse 10 zu erwerben - aber unterrichtet habe ... dann doch nicht mehr an einer solchen Schule. Denn 1952 nahm meine Mutter mein Schicksal in die Hand. Sie schlug vor, wir sollten über Berlin in den Urlaub fahren, so daß ich beim Volksbildungsministerium persönlich vorsprechen könnte. Dort geriet ich an einen Herrn, der zwar sehr höflich war, mich aber um und dumm redete: Ich würde an der Schule gebraucht, ich sei dort doch sehr nutzbringend beschäftigt usw. usw. Ich kam einfach nicht dagegen an. Als ich meiner Mutter von diesem Ergebnis berichtete, sagte sie gar nichts; aber als ich am Nachmittag im Museum war, ging sie kurz entschlossen ins Staatssekretariat für Hochschulwesen, nahm meine Zeugnisse mit - und fand dort einen Herrn Dr. Köhler, der ihre Meinung teilte, dass ein Studium für mich lohnend sei. Er rief im Volksbildungsministerium an, und Mama hörte - innerlich erbleichend -, wie er sagte: "Aber Herr Kollege - so würde ich über eine Kollegin doch nicht sprechen! Übrigens, sie ist nicht selbst hier, es ist die Mutter; und ich überlege gerade mit ihr zusammen, ob sie sich lieber bei Pieck oder bei Grotewohl über Sie beschweren soll..." Alles sehr höflich - aber messerscharf. Entschieden wurde noch nichts, wir fuhren etwas bedrückt von Berlin aus weiter in den Urlaub. Wir hatten einen FDGB-Platz.

Für diejenigen, die sich nicht mehr besinnen: es

gab von der Gewerkschaft Ferienplätze, die man als Gewerkschaftsmitglied sehr preisgünstig erhielt. 320,00 Mark für 12 Tage mit Vollpension war das Höchste, aber die meisten Quartiere waren wesentlich billiger. Wer wenig verdiente, erhielt entsprechend mehr Zuschuss von der Gewerkschaft, FDGB bedeutete "Freier Deutscher Gewerkschaftsbund".

Als wir nach Rostock zurückkamen, lag zu Hause ein Brief des Schulrates, in dem mir mitgeteilt wurde, dass ich ab 1953/54 zum Studium freigestellt sei und 1952/53 bereits in der unterrichtsfreien Zeit als Externe damit anfangen könne.

Aber selbst wenn es auch diesmal nicht geklappt hätte - irgendwann wäre ich über ein Fernstudium weitergekommen. Die alten Sprachen wären es dann vielleicht nicht geworden. Aber auch für diejenigen, die dadurch, dass der Staat das Studium von Arbeiter- und Bauernkindern massiv förderte (mir kam zugute, dass ich der dritten geförderten Gruppe angehörte: den Frauen!), vom (Direkt)Studium ausgeschlossen blieben, gab es Arbeit und Aufstiegsmöglichkeiten, notfalls über eine Zeit in der Produktion. - Wenn man einen sozialistischen Staat aufbauen wollte, so mussten in aller Geschwindigkeit Führungskräfte aus der Arbeiter- und (Klein)Bauernschaft selbst herangebildet werden - Juristen, Ökonomen, Verwaltungskräfte, Hochschullehrer...

Weimarer Republik war schließlich daran zugrunde gegangen, dass Schlüsselpositionen weiterhin von Leuten aus der Kaiserzeit besetzt blieben, die der jungen Republik nicht wohlgesonnen waren, um es milde auszudrücken. Die größere Konsequenz nach 1945 ergab - unvermeidliche - Härten für diejenigen, die nunmehr "die falschen Väter" hatten. Damit konnte und kann ich leben.

Aber - der Teufel steckte wie immer im Detail. Die Entscheidung darüber, wer zum Beispiel ein Arbeiter war oder - (Bankrotterklärung der Politologen) - "als Arbeiter zählte", wurde von der zweiten Generation an immer schwieriger, weil die Kinder von Arbeiterkindern nunmehr Intelligenzkinder oder Kinder höherer Funktionäre waren...

Viele Werktätige fühlte sich im Laufe der Jahre immer schematischer und ungerechter eingestuft und ihre Kinder entsprechend benachteiligt. Die Zulassungskommissionen hatten es objektiv schwer und machten es sich im allgemeinen auch nicht leicht.

Nachdem ich zur "Zulassungspolitik in der DDR" noch drei Seiten geschrieben und wieder gelöscht hatte, fiel mir in der Neuen Zürcher Zeitung vom 27./28.12.97 ein Artikel "Über die Beschränktheit unserer Zukunftsvorstellungen" von Karl Otto Hondrich in die Hände, darin steht der Satz:

"Die Idee der Chancen durch Bildung weist zugleich darauf hin, wo ihre Grenzen liegen: in den Herkunftsbezügen, durch die Bildungschancen eingeräumt oder verwehrt werden."

Eben. Überall. Und wer ungünstig positioniert ist, muß ein besonderes Maß an Initiative, Begabung, Stehvermögen - und etwas Glück - haben, um doch ans Ziel zu kommen. Überall.

Ich möchte aber behaupten: In der DDR waren die Chancen der sozusagen Unterprivilegierten entschieden besser als die von gering Verdienenden oder gar Arbeitslosen bzw. deren Kindern in den kapitalistischen Ländern - oder?

Von meinem Privatleben ist bis hierher nicht die Rede gewesen, aber - ich hatte auch nicht allzuviel in dieser Richtung. Wenn ich nicht unterrichtete oder mich vorbereitete, half ich im Laden aus: Bis 1951 musste meine Mutter noch "nacharbeiten", um einen Anspruch auf die Mindestrente zu haben, dann konnte sie mit 120 Mark im Monat (ich habe neulich den alten Bescheid gefunden) in den Lebensabend starten. Von meinem Gehalt ließen sich auch noch keine großen Sprünge machen - ich war bis 1952 auf 480 Mark monatlich geklettert. Nur gut, dass die Kultur massiv staatlich subventioniert wurde, so konnten wir auch in dieser Zeit öfter in die Oper und natürlich ins Kino gehen. Wir hatten auch wieder Freunde am Theater.

In der ersten Nachkriegszeit war das Dasein eines Schauspielers oder Sängers kein Honiglecken! Von der hungernden Desdemona habe ich schon berichtet.

In dieser Zeit waren - wie nach dem Ersten Weltkrieg - eine Reihe von Künstlern am Rostocker Theater tätig, die wir hier sonst nicht zu sehen bekommen hätten, und die wenige Jahre später schon wieder an großen Häusern engagiert waren. Zu ihnen gehörte der Tenor Ferdinand Bürgmann. Das war der einzige Erik im "Fliegenden Holländer", bei dem ich jemals denken musste: "Du meine Güte - warum bleibt die Senta denn nicht lieber bei *dem*, statt sich auf diesen finsteren Holländer festzulegen?" Meistens wirkt der brave Erik doch etwas dümmlich und hat neben dem Bariton kaum eine Chance... Bürgmann konnte nicht nur singen, er sah gut aus und war ein überzeugender Darsteller so unterschiedlicher Rollen wie Fra Diavolo, Erik und Manrico im "Troubadour". Später ging er nach Leipzig. In jener Zeit hatten wir hier auch einmal einen singenden Intendanten, Abendroth (nicht mit dem berühmten Dirigenten zu verwechseln), auch einen Tenor. Er brillierte in der Rolle des Fabiano, des skrupellosen Günstlings der Königin in der gleichnamigen Oper von R. Wagner-Régenyi: Heldentenöre stellen meistens edle Menschen dar, so ein richtiger Widerling liegt den wenigsten... Aus Rostock ging Abendroth als Intendant nach Dresden. In GMD Röttger - später lange in Dessau tätig - hatte das Volkstheater einen Dirigenten von bemerkenswertem Fleiß und Einfallsreichtum - von der Musikalität ganz zu schweigen. Er ließ in relativ kurzer Zeit fast alle Tschaikowski-Opern spielen, auch "Mazeppa" und "Die Zauberin", von der hier in Rostock noch nie jemand je gehört hatte. Und er veranstaltete am Sonntagvormittag im damaligen "Haus der Deutsch-Sowjetischen Freundschaft" (heute "Hansa-Klub") Einführungen zu allen Premieren, bei denen auch die Sänger der Hauptrollen mitwirkten; er selbst begleitete am Flügel und gab die Erläuterungen. Meine Mutter und ich haben viel dabei gelernt, auch über die großen Verdi-Opern, z.B. "Don Carlos", "Macht des Schicksals", "Falstaff".

Besonders gut befreundet waren wir mit zwei sehr unterschiedlichen Damen: Irmgard Michael, der Ersten Heldin und Salondame im Schauspiel, und Sieglinde Feise, die von der Lisa in "Pique Dame" über die Tatjana in "Eugen Onegin" bis zur Titelgestalt der "Zauberin" alle weiblichen Hauptrollen bei Tschaikowski sang. Sie war damals erst Anfang Zwanzig, also in meinem Alter, und privat ebenso liebenswürdig wie auf der Bühne, überhaupt nicht "theatralisch". Fräulein Feise war auch eine liebliche, mädchenhafte Pamina mit klarer, ausdrucksvoller Stimme - leider bekam sie bald nach ihrem Fortgang an die Staatsoper in Dresden einen - mindestens damals - nicht heilbaren Stimmbandschaden und musste aufhören zu singen.

Während Fräulein Feise sich im Straßenbild vollkommen unauffällig bewegte, war Frau Michael ohne weiteres imstande, meine Mutter mitten auf dem Neuen Markt mit einer Umarmung und einem Kuss zu begrüßen - niemand hätte sie für etwas anderes als für eine Schauspielerin halten können. Es war schon ein Zeichen sehr großer Wertschätzung von Mamas Seite, dass sie bei einem solchen Überschwang nicht zurückzuckte!

Merkwürdig: Frau Michael war im landläufigen sinne weder hübsch noch schön - aber auf der Bühne vermochte sie durchaus so zu wirken. Wir sahen sie zum ersten Mal als Adelheid im "Götz von Berlichingen" und waren beide fasziniert. Dabei war es für sie hier gar nicht einfach: Sie war damals Ende der Dreißig, und die vorhandenen Herren zum guten Teil wesentlich jünger. Der Regisseur - Victor Draeger - setzte sie als Wassa Schelesnowa ein, und sie war hervorragend ("Nimm das Pulver, Sergej, nimm das Pulver!", ich höre noch immer, wie sie als Wassa ihren Schwager dazu drängt, sich das Leben zu nehmen, ehe er verhaftet wird...)!

Allerdings war dazumal hier mit russischen Stükken, auch wenn sie noch so gut gespielt wurden, kein Erfolg zu erzielen - das Haus war in solchen Fällen bestenfalls zu einem Viertel besetzt. Die Leute ließen ihr Abonnement lieber verfallen, selbst bei Gorki und Jewgenij Schwarz (dessen "Drache" in Berlin später stets ausverkauft war).

Wir gingen ja auch nur ihretwegen so treulich hin... Unabhängig davon sträubte Frau Michael sich innerlich, ältere Rollen zu spielen, auch wenn sie als Fürstin in Schillers "Braut von Messina" sehr gut war, und so ging sie nach nur einer Spielzeit fort; nach Westberlin, obwohl sie kein Engagement hatte. Die Verbindung riss dann bald ab. Erst nach vielen Jahren kamen wir wieder in Kontakt, aber da war sie schon über Siebzig und seit langem nicht mehr auf der Bühne. In Rostock hatte sie mir ein paar Schauspielstunden gegeben - das machte mir viel Freude, aber meine Wandlungsfähigkeit war nicht groß genug, um das auszubauen.

Ich habe Frau Michael wirklich bewundert und geliebt und war immer traurig, dass ihre Zeit hier bei uns so kurz war.

STUDENTIN IN ROSTOCK
(ab 1952)

Wir hatten immer noch Schichtunterricht, eine Woche vormittags, die andere nachmittags, als ich das Studium der alten Sprachen aufnahm. Die Vorlesungen an der Universität lagen damals noch hauptsächlich in den Vormittagsstunden.
Ich konnte also in der Woche, in der ich nachmittags unterrichtete, an den wesentlichen Vorlesungen teilnehmen.
Für die andere Woche einigte ich mich mit einigen Kommilitoninnen, die dann für mich mitschrieben. Die Sprachübungen bekam ich auf diese Weise natürlich nicht mit, aber ein pensionierter Gymnasiallehrer passte sich meinen wechselnden Dienstzeiten an und brachte mir die Anfänge des Griechischen bei. In den sommerlichen Semesterferien gab es dann an der Universität vor dem Graecum noch einen Intensivkurs, an dem ich teilnehmen konnte, so dass ich alle vier Zwischenprüfungen mit gut und sehr gut ablegte.
Dabei kam mir der Auftakt bei Herrn Professor Quell sehr zustatten: Er war der Alttestamentler der Universität und wir vier Altphilologen wurden in seine Vorlesung "Geschichte des Alten Orients" geschickt. Denn seit dem berühmten A. Pöbel (gest. 1981), der 1932 nach Chicago gegangen war, weil er von dort aus an Grabungen im Irak teilnehmen konnte und weil seine Bezüge an der Rostocker

Universität einfach zu gering waren, gab es keinen Vertreter dieses Faches mehr an der Philosophischen Fakultät. Vor seinem Weggang hatte Pöbel eine sogenannte "fliegende Professur" mit dem Altphilologen Rudolf Helms teilen müssen - sie bekamen das Gehalt abwechselnd, einer im Frühjahrs-, der andere im Herbstsemester! Aber Pöbel hatte eine große Familie... Er war eigentlich der einzige Wissenschaftler meiner Fächer, von dem ich schon vor dem Studium einige Anekdoten kannte - von unserem Nachbarn, dem Zoologieprofessor. Der berichtete u.a., wie der bekannte Sumerologe ("Wo die Leute längst nicht mehr wissen, wo Rostock liegt, wissen sie immer noch, wer Pöbel ist!") auf einem Kongress in Chicago vergeblich erwartet wurde - bis er sich aus einer Telefonzelle meldete: Er war überfallen, ausgeraubt und auch noch um Mantel und Anzug erleichtert worden...

Herr Professor Quell war bei den Seinen respektiert, ja fast gefürchtet - aber das bekam ich gottlob gar nicht mit. Von ihm wurde allgemein als "Spectabilis" gesprochen, und es dauerte mehr als ein Semester, bis ich dahinter kam, dass das kein Spitzname, sondern die Anrede für den Dekan war! Er war ein ausgezeichneter Prediger, wenn er einmal in der Klosterkirche das Wort nahm, und auch seine Vorlesung war interessant. Einprägsam berichtete er von den Grabungen in Sumer und zeigte auch Dias - "Königin Schub-ad mit der Steckkontaktnase" (Originalton Quell) prägte sich natürlich gut ein: es handelt sich um eine Rekonstruktion des Kopfes mit dem (erhaltenen) Diadem, gezeichnet von der Frau des Ausgräbers Woolley. Der Professor ging schwer am Stock. Er war ein eingefleischter Junggeselle, wohl näher an sechzig als an fünfzig - und schon im nächsten Jahr folgte er einem Ruf nach Berlin: Umzug in der Taxe, um seine Kater - man munkelte von zwölfen (entsprechend der Zahl der Propheten des Alten Testaments!), es waren aber wohl "nur" sieben - ungefährdet mitnehmen zu können. Da ich ja nur die Hälfte aller Vorlesungen selbst gehört hatte, bat ich ihn um zusätzliche Literaturangaben und wurde auf Woolley verwiesen, neuere sowjetische Literatur nahm er nicht zur Kenntnis.

Bei Herrn Professor Quell hatte ich meine allererste Zwischenprüfung; an einem strahlendheißen Maitag 1953, in einem neuen Sommerkleid, um das Selbstvertrauen zu heben.

Er prüfte in der Theologischen Fakultät. Ich war gespannt, aber nicht besonders ängstlich: Die Bücher von Woolley hatte ich in der Lehrerbibliothek entdeckt, und gelernt hatte ich bei den sonntäglichen Spaziergängen mit meiner Mutter auf dem Friedhof. Da erzählte ich alles, was gerade anlag, und sie hörte nicht nur geduldig, sondern auch aufmerksam zu. Ich habe eigentlich nie im "Hau-Ruck-Verfahren" kurz vor der Prüfung gelernt, sondern immer versucht, gleich von der ersten Vorlesung an geistig einzuspeichern - und zu diesem

Zweck möglichst alles erzählt, und sei es mir selbst, ohne Zuhörer, beim Fensterputzen oder Abwaschen. Ich finde, erst wenn man spricht und erläutert, merkt man, wo man etwas nicht richtig verstanden hat. Na, es lief alles recht ordentlich, und ganz am Schluss sagte der Prüfer: "Dies ist außerhalb des Protokolls, Sie werden es nicht wissen - es gab hier in Rostock einmal einen sehr berühmten Sumerologen?" Ich antwortete wie aus der Pistole geschossen: "Das war Professor Pöbel!" - und da war meine erste Eins gesichert.

Dies Ergebnis sprach sich herum - junge Damen mit Einsen hatten bei ihm offenbar Seltenheitswert - und ich bin überzeugt, dass mir das zu einem günstigen Vorurteil bei weiteren Prüfungen verholfen hat. Es macht schon etwas aus, ob die Prüfer eine gute Leistung von jemandem erwarten.

An ganz wenige der anderen Prüfungen kann ich mich so genau erinnern - wir hatten jedes Jahr vier bis sechs abzulegen, teils mündlich, teils schriftlich, wie ich meinem Studienbuch entnehme, nach deren Ausfall sich dann das Stipendium richtete. Die Semesterarbeiten prägten sich da schon eher ein, weil man darüber doch etliche Wochen saß.

Ich habe auch im zweiten Studienjahr noch nebenbei unterrichtet, weil ich eine Abschlussklasse in Deutsch hatte, der ich den Wechsel nicht zumuten wollte. "Abschlussklasse" bedeutete 8. Klasse. Damals gab es danach noch Prüfungen, dann ging man auf eine "Vorbereitungsklasse" für die Erweiterte Oberschule (EOS) oder weiter bis zur 10. in die Polytechnische Oberschule (POS). Das Ergebnis war also wichtig für diejenigen, die das Abitur machen wollten. Zu jener Zeit gab es noch nicht das famose Datenschutzgesetz, das dem Lehrer heute (1995 in MV) verbietet, die Noten von Klassenarbeiten in der Klasse zu nennen. Ich halte das nicht für eine weise Neuerung: Die Überzeugung, dass die Lehrkraft gerecht urteilt, ist für das gute Verhältnis zwischen ihr und den Schülern entscheidend wichtig. Deshalb fürchte ich, dass der Schaden, den diese Geheimnistuerei anrichtet, weit größer ist als der Nutzen, der sich vielleicht daraus ergeben könnte, dass eine schlechte Zensur nicht allgemein bekannt wird. Meiner Meinung nach müssen die Schüler - die Menschen - mit der Zeit lernen, eigene Leistungen und die von anderen einzuschätzen - dazu müssen sie sie aber kennen und die Bewertung diskutieren, und das ist in der Schule noch relativ risikolos möglich, *wäre* möglich.

Mit dem Schuljahresende 1954 nahm ich von der Steintorschule endgültig Abschied.

Inzwischen war ich 25 und lief noch immer "unbemannt" durchs Leben. Das sollte auch noch eine Weile so bleiben - geheiratet habe ich nie. Als Kind setzte ich meine Umgebung in einige Verwirrung, als ich im Alter von sieben Jahren verkündete, Kinder möchte ich schon haben, aber heiraten nicht...

Ich glaube auch nicht, dass ich für die Ehe geeignet gewesen wäre: Denn was man unbedingt will (ich meine wollen, nicht "möchten", gemöchtet hätte ich auch manchmal!) - das setzt man auch gewöhnlich durch. Aber "Heiraten" stand auf meiner Prioritätenliste entschieden unter "Beruf". Und die Ehemänner, die die Arbeit ihrer Frauen so ernst nehmen wie die eigene, sind dünn gesät...

Außerdem war die Lage auf dem Heiratsmarkt für Mädchen meiner Generation nicht allzu günstig: Die Jungen, die ein paar Jahre älter waren als wir, hatten den Krieg in sehr vielen Fällen nicht überlebt. An der Schule hatte ich nie einen Kollegen, der altersmäßig zu mir gepasst hätte und unverheiratet gewesen wäre. An der Universität war ich dann wieder fünf, sechs Jahre älter als meine Kommilitonen - und die meisten kamen mir doch ziemlich schülerhaft vor.

In meinem eigenen Studienjahr waren wir seit dem dritten Semester nur noch zu zweit. Der Dritte war nach einem Misserfolg bei Professor Quell fortgegangen, der Vierte war am Graecum gescheitert - ich höre noch unseren eigentlich sehr humanen Griechischlektor, einen alten Studienrat: "Herr F. - Ihre Leistung hält leider mit Ihrer Selbsteinschätzung nicht ganz Schritt."

Der andere "Überlebende" war ein Hüne von Kerl, gelernter Zimmermann, der über die Arbeiter-und-Bauern-Fakultät zum Studium gekommen war und sich den Wunsch, klassische Philologie zu studieren, nicht hatte ausreden lassen. Neben ihm wirkte ich mit meinen immerhin 1,78 m geradezu zierlich, und wenn wir gemeinsam durch die Stadt gingen - unsere Lateinlektorin, Frau Dr. Ibendorff, hatte eine Hüftluxation und erteilte ihre Stunden daher oft zu Hause in der Georg-Büchner-Straße - musste ich ganz schön die Beine schmeißen, um mitzukommen. Dabei ging Ohlsen nie schnell - er machte nur so lange Schritte! Wir waren etwa gleich alt, aber er war schon in festen Händen, als ich ihn kennenlernte. Seine Braut wohnte in Westberlin, und nach dem Staatsexamen ging er sehr bald "nach drüben", er wurde Studienrat in Xanten, wenn ich recht unterrichtet bin. Für zwei Mann lohnt sich keine Lehrveranstaltung - und so nahmen wir meistens an den Seminaren und Vorlesungen des Studienjahres über uns teil. Da die Studenten jenes Jahrgangs alle geradewegs aus der Schule zur Universität gekommen waren, hielt uns beide niemand für "die Kleinen", und wir versuchten, uns keine Blößen zu geben.

In Pädagogik, Psychologie und "Ge-Wi" (Gesellschaftswissenschaftliches Grundstudium) waren wir mit allen übrigen Lehrerstudenten unseres eigenen Jahrgangs zusammen.

In der Didaktikvorlesung war ich innerlich immer zu Widerspruch geneigt. Herr Dr. P. war nämlich allem Anschein nach vom Studium über die Aspirantur zur Promotion gelangt, ohne mehr als ein paar Praktikumswochen in der Schule zugebracht zu haben - jedenfalls war seine Vorlesung vom Wind der Praxis nicht durchweht und zudem sehr hörerunfreundlich, keine Rede, sondern eine Schreibe mit endlosen Sätzen. Wie Mark Twain schon bemerkt hat, springt ein deutscher Gelehrter "mit dem Hilfsverb im Munde" in den Atlantik (ich *habe*...), um Stunden später auf der anderen Seite mit dem Hauptverb wieder aufzutauchen (bei ..., nachdem ..., nicht ohne ...zu..., *gefunden*). Und da man den Sinn des Satzes ohne Kenntnis des Prädikats nicht sicher ermitteln kann, wird natürlich auch das Mitschreiben, soweit es sich überhaupt lohnt, zur Qual. Ich sah bei der Prüfung einen handfesten Streit kommen und ließ mich bei Herrn Professor Müller (Fritz - es gab mehrere Müller unter den Professoren) melden, um ihm zu sagen, dass ich mich von Herrn Dr. P. nicht prüfen lassen wolle, ich möchte einen Prüfer, der mindestens soviel Praxiserfahrung habe wie ich selbst. Das war, wenn ich es im Rückblick bedenke, ganz schön frech, aber "Fritze" rief nach der Sekretärin (zum Protokollschreiben) und sagte gelassen: "Gut. Ich prüfe Sie jetzt sofort." Darauf war ich ja nun nicht gefasst gewesen - aber es lief alles ordentlich, und von Stund an hatte ich an ihm einen wohlwollenden Förderer; später wurde er mein Doktorvater.

Herr Professor Müller war ein "Seiteneinsteiger" - während der Weimarer Republik Lehrer an einer Landheim-Schule in Thüringen, alter SPD-Mann, während des Krieges "Wetterfrosch" oder so etwas Ähnliches (er war Geograph), nach dem Krieg zunächst Beamter am Ministerium in Schwerin; dann wurde er an die Pädagogische Fakultät in Rostock berufen. 1953 war diese aber bereits in ein Institut für Pädagogik verwandelt, um nicht zu sagen dazu heruntergestuft worden. Professor Müller hat keine bahnbrechenden wissenschaftlichen Werke geschrieben - er hatte eine andere, an einem Hochschullehrer unschätzbare Begabung: er konnte lohnende Themen für Doktorarbeiten finden, passend für den jeweiligen Kandidaten oder die Kandidatin. Einfühlungsvermögen, ein guter Überblick über die Forschungslage *und* eine übersehbare Studentenzahl(!) sind unabdingbar, um die Themen so zu verteilen, dass sie die natürliche Interessenrichtung der Doktoranden berücksichtigen und diese gleichzeitig zum Erwerb neuer Fähigkeiten anregen (oder zwingen), und zwar genau in dem Maße, das fordert, aber nicht überfordert. Allerdings lässt sich das Ergebnis dennoch nie genau voraussehen, man erlebt immer wieder Überraschungen, positive wie negative - aber Professor Müller hatte da ein "Händchen", er war ein sehr erfolgreicher Doktorvater. - Nach dem Schrecken mit der plötzlichen Prüfung sah ich ihn aber zunächst nicht so bald wieder aus der Nähe - er hielt in Geschichte der Pädagogik nur eine Vorlesung, kein Seminar, und bei 200 und mehr Hörern gibt es keine persönlichen Kontakte.

Im übrigen bestritten die Mitglieder seines Instituts außer der Ausbildung in Didaktik noch die in (Jugend)Psychologie - die Unterrichtsmethodik der einzelnen Fächer wurde nach einigen Schwankungen schließlich den Fachinstituten zugeschlagen.

"Ge-Wi" war für alle Studenten, nicht nur für die Lehrer, Pflicht. Damals gab es zwei Studienjahre lang "Gesellschaftswissenschaftliches Grundstudium", danach ein Jahr politische Ökonomie, erst des Kapitalismus, dann des Sozialismus (soweit man letztere damals eben übersah).
Das Grundstudium begann mit den "Quellen und Bestandteilen des dialektischen und historischen Materialismus" - der Philosophie, besonders Hegel und Feuerbach, der Ökonomie, besonders Adam Smith und Ricardo, und den utopischen Sozialisten, dann folgten ausgewählte Werke von Marx und Engels - oder vielmehr ausgewählte Abschnitte daraus, ich glaube nicht, dass wir außer dem "Kommunistischen Manifest" etwas vollständig gelesen haben. Das zweite Jahr war dann Lenin und Stalin gewidmet. Im allgemeinen wurde in der Vorlesung ein Werk behandelt, und als Vorbereitung zum Seminar sollten wir dann bestimmte Abschnitte daraus lesen - wenn ich mich noch richtig besinne. Meine Vorlesungsmitschriften sind bei einem der späteren Umzüge abhanden gekommen. Wir hatten jede Woche zwei Stunden Vorlesung und alle 14 Tage zwei Stunden Seminar - und das

drei Jahre lang. Später wurde noch ein Kurs "Geschichte der Arbeiterbewegung" angehängt, so daß vier Jahre daraus wurden, jedesmal mit einer Prüfung, deren Ergebnis in das Staatsexamen einging, so dass sich durch einen Ausrutscher im ersten Studienjahr das gesamte Abschlussergebnis verschlechtern konnte. Diese Bestimmung, die wohl zur Stimulierung der Lerntätigkeit gedacht war, trug natürlich dazu bei, das Fach unbeliebt zu machen. Auch das Institut für Marxismus-Leninismus war (wie das für Pädagogik) nur eine Dienstleistungseinrichtung. Man konnte das Fach in Rostock nicht studieren - also konnte auch ein tüchtiger Professor hier nicht "Schule bilden". Sicherlich galten die Lehrerstudenten mit ihrem hohen Mädchenanteil mit Recht als "vergleichsweise harmlos", so dass man Seminare (es waren im Grunde eigentlich immer nur Übungen zur Vorlesung) und selbst Vorlesungen auch schwächeren Kräften anvertraute. Als ich anfing, waren sogar noch studentische Hilfsassistenten als Seminarleiter eingesetzt. Die Spitzenkräfte wirkten offenbar bei den Medizinern und Naturwissenschaftlern. Ein As war der später relativ jung verstorbene Professor Vogel, Philosoph seines Zeichens, der es verstand, einen Kreis hoffnungsvoller junger Naturwissenschaftler zu einer Arbeitsgruppe um sich zu scharen. Um dessen Vorlesung hören zu können, schwänzte (in den siebziger Jahren) eine Geschichtsstudentin die Vorlesungen ihres Ordinarius mit der schlagenden Begründung: "Det jibt mir mehr!" Und da ich Vogel in einer Hochschullehrer-Fortbildung in Marxismus-Leninismus selbst erlebt hatte, konnte ich sie verstehen: Bei ihm bereitete das Denken, die Anwendung der Dialektik - ein echtes Vergnügen.

Aber sonst - ... In der Zeit der Königin Victoria, wurden (der Sage nach) Brautleute mit dem aufmunternden Spruch in die Hochzeitsnacht geschickt: "Augen zu - und an England denken!" - denn nur der erstrebte Nachwuchs, nicht etwa die Lust stand im Mittelpunkt des Interesses. Entsprechend sagte ich mir: "... und ans Stipendium denken!" Denn bei einem Grundstipendium von 180 Mark zählte jede Mark Leistungszulage, die sich erwirtschaften ließ.

Ich entnehme meinem Studienbuch, daß ich nie schlechter als gut, meistens mit sehr gut abgeschlossen habe - aber ich habe mir jetzt lange vergeblich den Kopf zerbrochen, was wir denn eigentlich genau behandelt haben. Aus dem ersten Jahr besinne ich mich an meine Verblüffung, als ich feststellte, dass "die Klassiker" hier weder Schiller und Goethe noch Sophokles und Aeschylus waren, sondern Marx und Engels, gefolgt von Lenin und Stalin, und dass "Philosophie" völlig auf den dialektischen und historischen Materialismus beschränkt wurde. Als Philologin stieß ich mich dann zunehmend daran, daß Texte der Klassiker nie behandelt wurden wie sonst ein historisch zurückliegender Text, also unter Berücksichtigung der Umstände, unter denen sie geschrieben, des Publikums, an das sie gerichtet waren, und dass die Gegner, gegen die Lenin und Engels polemisierten, nie direkt ins Blickfeld kamen. Aber besonders Engels gefiel mir - auch als Mensch -, und einen Band Lenin in englischer Sprache, der mich lange begleitet hat, kaufte ich mir im Antiquariat und las darin auch ohne Aufforderung.

Da ich im ersten Jahr meines Studiums neben der Schule nur Fachveranstaltungen besucht hatte, musste ich in Ge-Wi sozusagen nachdienen. Ich war also nie mit meinen eigenen Kommilitonen zusammen, sondern ein Studienjahr zurück, bei Romanisten, Apothekern, Zahnmedizinern, wie sich gerade eine Vorlesung oder ein Seminar in meinen übrigen Stundenplan einpassen ließ. Klingt heute ganz selbstverständlich - war aber in DDR-Zeiten ein großes Entgegenkommen und wäre ein paar Jahre später wohl gar nicht mehr genehmigt worden. Auf diese Weise konnte ich mir immer ein vom Dozenten selbst geleitetes Seminar suchen, nachdem ich im ersten Semester, als eine Genossin Kunstgeschichtsstudentin 'mein' Seminar leitete, festgestellt hatte, dass selbst die unschuldigste sachliche Frage die junge Frau aus dem Konzept brachte.

Schwierig wurde es erst im vierten Studienjahr (1956) mit der Lehrbeauftragten für politische Ökonomie, weil ich mir da Fragen und gelegentlichen Widerspruch nicht verkneifen konnte - die Sache interessierte mich halt mehr als Philosophie, zumal ich durch Herkunft und eigene Berufstätigkeit etwas Praxiserfahrung mitbrachte. Ich berief mich also auf meine Erfahrungen aus dem privaten Einzelhandel und gab meinem Befremden darüber Ausdruck, dass einige Rostocker Betriebe, die allem Vernehmen nach in den roten Zahlen standen, sozusagen am Bankrott gehindert wurden. Denn das fand ich "ganz unökonomisch". Damit hatte ich eins der heißesten Eisen der sozialistischen Ökonomie angefasst; dies Problem wurde bis zum Schluss nicht befriedigend gelöst: Wenn man den Bankrott zuließ (wie später z.B. in Jugoslawien), geriet die Planwirtschaft aus den Fugen - und wenn man (wie in der DDR) die Planzahlen nachträglich herabsetzte und immer wieder die unrentablen Betriebe auf Kosten der rentablen stützte, untergrub man auf die Dauer die Arbeitsmoral in den erfolgreichen Werken und kam zum gleichen Ergebnis. Frau X. hatte keine befriedigende Auskunft und war andererseits auch nicht der Mensch, der zu sagen gewagt hätte: "Tja, wir sind noch im Erprobungsstadium. Aus den und den Gründen machen wir es erst einmal so...". Sie gab eine Standardantwort und nahm mir die Frage persönlich übel; solche Überlegungen waren für sie "kleinbürgerliche Rudimente". Heute sage ich mir: ein derartiges Problem hätte ich wohl allenfalls dem Professor vortragen dürfen, nicht einer relativ unerfahrenen Mitarbeiterin - noch dazu in dem Jahr der

78

Unruhen in Ungarn! Ich wirkte vermutlich manchmal wirklich enervierend auf die Genossen, gerade weil ich so etwas ohne alle Hintergedanken vorbrachte. Aber: bei uns in der Altertumswissenschaft wurde es immer positiv aufgenommen, wenn ein Student ein Problem sah. Ein Mitglied des Lehrkörpers, selbst ein subalternes, musste eigentlich damit umgehen können, dass ein Student - Gott behüte - auf ein nicht oder noch nicht lösbares Problem gestoßen ist. Seine Amtsautorität einzusetzen, um den Frager zum Schweigen zu bringen, oder sich beim Fachbereich des Studenten über eine "Provokation" zu beklagen, kann nicht die rechte Methode sein.

Aus der Tatsache, dass so etwas bei unseren Ge-Wi-Leuten vorkam, ziehe ich nicht den Schluss, daß es sich beim dialektischen und historischen Materialismus und der dazugehörigen Ökonomie nicht um wissenschaftliche Disziplinen handelt - wohl aber muß ich leider konstatieren, daß in dem betreffenden Rostocker Universitätsinstitut etliche Leute beschäftigt wurden, die keine Wissenschaftler waren. Es gab andere, außer Vogel, so die Professoren Krüger, Scharping, Seemann; Frau Professor Haß, die später meine Studenten in politischer Ökonomie unterwies und nie Probleme mit ihnen hatte, auch als sie noch nicht Professorin war - ich weiß jetzt aber nicht mehr, wann die jeweils nach Rostock gekommen sind. Aber in einem solchen Pflichtfach für alle Studenten ist jede schwache Leistung eine zuviel. Außerdem musste sich ein nur durchschnittliches wissenschaftliches Renommé negativ auf die Attraktivität der Einrichtung für hoffnungsvolle Nachwuchskader von anderen Universitäten auswirken - wer die Wahl hatte, ging vermutlich lieber zu Jürgen Kuczynski nach Berlin als an die Uni Rostock.

Ich betone aber ausdrücklich: ich habe kein Insider-Wissen über das Institut, eine Meinung habe ich mir gebildet nach Lehrkräften, die ich selbst oder über meine Studenten mehr oder weniger zufällig kennenlernte.-
Sicherlich blieb bei den Hörern manches hängen, aber insgesamt entsprach das Ergebnis der vielen Lehrveranstaltungen nicht dem Zeitaufwand, scheint mir, zumal wenn man bedenkt, dass nicht mechanisches Auswendiglernen von Lehrsätzen, sondern ihre kritische und kreative Anwendung notwendig gewesen wäre, wie schon Engels immer wieder betont hat. Ein spontanes Interesse hatten allerdings viele Studenten an der Diskussion von politischen Tagesereignissen - wer das als Dozent mit der Vermittlung von Grundlagenwissen zu verbinden wußte, kam gut an. Ich habe nie vergessen, wie mir Herr Scheithauer, unser erster Ge-Wi-Dozent, erklärte, warum ein Wahlsieg der Sozialdemokraten in irgendeinem Lande (ich weiß nicht mehr wo) keinen grundsätzlichen Wandel

der Politik bringen würde - und es kam genau so, wie er es voraussagte - das hat mir Eindruck gemacht!

Von meinem eigenen Fach, der klassischen Philologie, habe ich bisher noch nicht gesprochen. Aber: jede(r) ist zur Schule gegangen, viele haben selbst Kinder. Hunderttausende, eher Millionen von DDR-Bürgern waren mit "Ge-Wi"- Aus- oder Fortbildung konfrontiert; Lehrer gibt es auch Zehntausende - sie alle haben zu diesen von mir bisher behandelten Themen eine Meinung und also auch ein gewisses Interesse daran. Aber ich glaube nicht, dass in fast 41 Jahren DDR viel mehr als 1000 Leute klassische Philologie studiert haben. Also hatte ich Bedenken, ob sich meine Leser genügend für Einzelheiten - und Personen - aus diesem Arbeitsgebiet interessieren würden. Allerdings sind ja Bücher über das antike Griechenland und Rom, auch Filme über dieses Thema und Übersetzungen aus dem Griechischen und Lateinischen auf dem Medienmarkt durchaus gefragt. Inzwischen haben sich sogar einige Schriftsteller auf Krimis aus der Antike spezialisiert und können davon offenbar leben! Also gibt es doch wohl auch außerhalb des eigentlichen Kollegenkreises ein Interesse für die Altertumswissenschaft.

Der Alltag an jedem Institut und jeder Fakultät bietet außerdem Parallelen zu dem an anderen Instituten, wie ich festgestellt habe, als ich mit einverständigem Schmunzeln den amerikanischen Roman "Moo" (hätte eigentlich als "Muh!" auf dem deutschen Titel erscheinen müssen) las, der in der Gegenwart an einer landwirtschaftlichen Universitätseinrichtung im mittleren Westen der USA spielt. Ich versuche es also.

STUDENTENALLTAG

Zuerst noch ein bisschen zum Alltagsleben der Studenten um 1953: Meine Kommilitonen wohnten damals alle privat.

Die großen Studentenheime in der Südstadt gab es noch gar nicht, und die Baracken vor dem Barnstorfer Wald waren eine Notlösung, für Mädchen gar nicht geeignet. Wer zunächst in ein Heim eingewiesen wurde, versuchte, so schnell wie möglich eine eigene "Bude" zu finden. Ohlsen hatte ein Zimmer An der Hege, in der Hafengegend ("Abends besser nicht ohne Messer ausgehen!" sagte er - aber ich habe später auch am Hafen gewohnt, und es war alles ganz friedlich). Herr Fischer und ich waren aus Rostock und wohnten zu Hause, die anderen vier waren spätestens im dritten Studienjahr privat untergekommen. Damals waren in Rostock noch keine 7000 Studenten wie im letzten Jahrzehnt. Und wenn ich an die Rente meiner Mutter denke, wundere ich mich nicht, dass viele ältere Leute eins von drei Zimmern zu vermieten trachteten. Mehr als 50 Mark musste man dafür kaum aufwenden (möbliert). Essen gab es in der Mensa-Baracke, die später abbrannte, hinter der Sparkasse in der Schwaanschen Straße, etwa 80 Pfennige die Portion - Ohlsen berichtete, dass es zum Monatsende auch schon mal "Karo einfach", also eine Scheibe Schwarzbrot als Beilage gebe - es war ja immer noch die Zeit der

Lebensmittelmarken. Ich aß mit meiner Mutter zu Hause, die Dehmelstraße war nur eine gute Viertelstunde von der Universität entfernt. Außerhalb der Lehrveranstaltungen hatte ich zu den anderen wenig Kontakt.

In der DDR war das Studium jahrgangsweise organisiert. Die Studenten jeder Fachrichtung waren in sogenannte Seminargruppen zu etwa 20 Mitgliedern eingeteilt, die in den Seminaren (auch Pädagogik oder Ge-Wi) stets zusammenblieben. Bei großen Fachrichtungen waren das pro Studienjahr eine ganze Anzahl. An den Fachvorlesungen nahmen dann jeweils alle Studenten eines Studienjahres teil. Nach eigener Wahl außerdem noch Lehrveranstaltungen zu besuchen war gar nicht einfach, es ging fast nur in den fakultativen Vorlesungen für Hörer aller Fakultäten, die in den Abendstunden gehalten wurden.

Als ich studierte, war der FDJ-Sekretär einer Seminargruppe auch der Vertreter der Studenten gegenüber dem Lehrkörper. Vorher hatte es noch einen besonderen Seminargruppensekretär gegeben, und der Übergang war nicht problemlos verlaufen. Aber ich war in den ersten beiden Jahren nur unregelmäßig anwesend, ich bekam das gar nicht richtig mit. Nach dem ersten Studienjahr, als die Stipendien zur Diskussion standen, kam Ohlsen allerdings auf mich zu und bedeutete mir, wenn ich nicht in die FDJ ginge, könne er auch nicht ein Leistungsstipendium befürworten. Es gab für jede

Seminargruppe einen bestimmten Betrag, der nach den Leistungen aufgeteilt wurde, dabei sollte aber auch die allgemeine politische Aktivität in Rechnung gestellt werden. Mit unseren paar Hanseln war allerdings nicht viel organisiertes Jugendleben möglich, zumal offensichtlich auch keiner im Institut daran interessiert war. - Ich nahm diese Mitteilung zur Kenntnis, ging in das Prorektorat für Studienangelegenheiten und erklärte der zuständigen Dame, ich sei in der Gewerkschaft und im DFD und im letzteren würde ich auch weiterhin mitarbeiten (die Gewerkschaftsmitgliedschaft ruhte während des Studiums) - aber "FDJ-Spätlese", das sei nun in meinem Alter wirklich nichts mehr. Dagegen war auch nicht viel zu sagen, denn das FDJ-Alter endete mit dem 25. Lebensjahr. Längere Zugehörigkeit war für Studenten zwar möglich, aber mindestens von einer Parteilosen nicht zu erzwingen. Das war's denn auch schon - ich wurde nie wieder angesprochen und bekam doch ein Leistungsstipendium. (180 Mark Grundstipendium standen mir zu, weil ich acht Jahre lang selbst gearbeitet hatte, sonst wären es nur 120 Mark gewesen.) Das Streben, sämtliche Studenten in der FDJ zusammenzufassen, hat man leider bis 1989 nicht aufgegeben. So etwas muß meiner Ansicht nach zum Ersatz von Überzeugungsarbeit durch administrativen Druck führen.-

Junge Leute, die sich aus Gewissensgründen überhaupt weigerten, in die FDJ zu gehen, waren selten (wir hatten eine Katholikin in der klassischen Philologie, die da beinhart blieb); aber in den späteren Jahren der DDR heirateten viele StudentInnen im dritten Studienjahr und hatten bald ein oder mehrere Kinder - und dann ist man eben erwachsen und will allenfalls in einer Gewerkschaft oder Partei mitarbeiten, aber doch nicht mehr in einer Organisation, in die man als Schüler mit 14 Jahren eingetreten ist, auch wenn man noch nicht die 25 erreicht hat. Wie ich ihnen das nachfühlen konnte! An einem Mangel an fortschrittlicher Gesinnung muss das nicht liegen. Aber höheren Orts nahm man das Faktum einfach nicht zur Kenntnis. "Verlust der Beziehung zur Basis", oder wie soll man solche Starrheit nennen?

Es gab unter meinen gleichaltrigen Kollegen (wenn auch nicht unter den Altertumswissenschaftlern) allerdings eine Reihe, für die die FDJ-Zeit zu ihren schönsten Erinnerungen zählte, sie waren gleich nach dem Krieg eingetreten, als das noch eine persönliche Entscheidung war, die einen in Konflikte bringen konnte, und sie hatten freiwillige Einsätze in der Wische bei Magdeburg (Meliorationsarbeiten) oder in Unterwellenborn an der Maxhütte ("Max braucht Wasser") gemacht, an die sie sich mit Stolz erinnerten. Sie konnten nicht recht einsehen, dass die heroische Zeit einer Organisation in dem Moment vorbei ist, in dem *alle* eintreten sollen...

WAS EIN PHILOLOGE LERNEN MUß

Wer sich für klassische Philologie entscheidet, muss Latein und Griechisch nicht nur lesen können, sondern bis zu einem bestimmten Grade auch vom Deutschen ins Lateinische und Griechische zu übersetzen lernen. Aufsätze in den alten Sprachen werden nicht mehr verlangt. Früher musste, heute darf die Staatsexamensarbeit noch auf Lateinisch geschrieben werden, aber das kommt selten vor. Gesprochen werden die beiden Sprachen im Studium auch nicht mehr, allenfalls gibt es noch eine fakultative Übung in dieser Richtung. Es existiert aber eine (katholische) Gesellschaft zur Pflege des gesprochenen Lateins, in deren Zeitschrift zum Beispiel Listen neuer technischer Errungenschaften in lateinischer Version angeboten werden und der ich unter anderem den Hinweis entnommen habe, daß der Erzengel Gabriel die Schutzherrschaft über die Post- und Fernmeldewerker übernommen hat (da er ja der Bote Gottes ist). Ein bisschen gesprochenes Latein kann nie zum Schaden sein: Ich besinne mich, dass in Budapest ein Assistent des dortigen Instituts mit mir in die Oper geschickt wurde - und mir dann auf lateinisch den wesentlichen Inhalt von "Bank Bán" zuflüsterte, weil er kein Deutsch und ich kein Ungarisch konnte. Aber im Prinzip ist die Aufgabe der Altphilologen heute die Erschließung altsprachlicher Texte: Herstellung des konkreten Wortlauts, Übersetzung, Kommentierung in literarischer, historischer, soziologischer... Hinsicht.

Es wundert zunächst jeden, dass es auf einem Gebiet, das schon seit dem Mittelalter (Griechisch erst wieder seit der Renaissance) intensiv betrieben wird und auf dem die Auffindung neuer Texte doch relativ selten ist, immer noch genug zu tun geben soll - "Da gibt es doch schon eine Übersetzung!" ist das Standardargument. Aber es werden immer noch falsche Lesarten in den Texten entdeckt; denn zwischen deren Abfassung und dem ersten Druck liegen viele Jahrhunderte, in denen die Werke immer wieder abgeschrieben wurden - oft nach Diktat. Und Sie brauchen sich nur einmal anzusehen, was heutige Schreibkräfte für Fehler in einem ganz gewöhnlichen Geschäftsbrief unterbringen, um sich vorstellen zu können, was ein Mönch aus einem komplizierten philosophischen Traktat zu machen in der Lage war...

Außerdem aber liest jede Zeit einen antiken Text mit ihren Augen, sucht darin das, was gerade aktuell ist. Diesen wechselnden Interessen und dem daraus entstehenden Meinungsstreit verdanken wir manche wichtige Entdeckungen.

Es ergibt sich aus dem Gesagten, dass es nicht genügt, die Sprachwissenschaft und die Literaturgeschichte zu betreiben, man muss sich auch mit einer ganzen Reihe von sogennanten Hilfswissenschaften befassen, wie Alte Geschichte, Romanistik (antike Rechtsgeschichte), Landeskunde von Italien und Griechenland, Archäologie, Religionswissenschaft, Philosophie, unter Umständen Statistik und Handschriftenkunde ("Paläographie"). Das Studium weist da nur Wege, wer ernsthaft wissenschaftlich arbeiten will, muss immer weiter lernen. Außerdem muss jeder Altphilologe (und jeder andere Altertumswissenschaftler) mehrere neuere Sprachen mindestens lesen können, denn viele der wissenschaftlichen Zeitschriften für unsere Fächer veröffentlichen die Artikel in der Sprache, in der sie eingereicht werden: Die Zahl der Fachkollegen in der Welt ist so klein, die Auflagen sind so niedrig, dass das Übersetzen zu teuer würde. Auf Englisch, Französisch, Italienisch, in letzter Zeit zunehmend Spanisch muss man gefasst sein, auf althistorischem Gebiet mindestens bis 1990 auch auf Russisch. Die Kollegen der kleineren Länder publizieren meistens in einer der Weltsprachen, um international zur Kenntnis genommen zu werden. Aber das verstehende Lesen fremder Sprachen ist für einen "Lateiner", solange es sich um indogermanische Sprachen handelt, nicht so schwierig, dass eine(r) deshalb durchs Examen fallen müßte. Mir ist kein solcher Fall begegnet. Wer als StudentIn einen englischen oder französischen Kommentar zu einem antiken Autor benutzen *muss*, kriegt das irgendwie hin - man erlebt ja, daß die Professoren und Assistenten es auch können, und Sprachenlernen ist weitgehend eine Sache der Motivation.

Als ich zu studieren begann, lehrten in Rostock drei Herren im Rentenalter, die auf uns großen Eindruck machten. Übrigens zeichneten sich alle drei durch ihre offene Hand aus, wenn wir ein Fest planten; die ersten beiden waren auch immer aktive Teilnehmer.

Hans Jensen (1884 - 1973) war ein Sprachwissenschaftler, bekannt besonders durch sein Standardwerk „Die Schrift". Er verstand es, sein als trocken verschrieenes Fach für uns akzeptabel zu machen. Ich selbst hatte mich niemals auch nur andeutungsweise für Sprachwissenschaft interessiert: Mein Onkel Ludwig, dessen Hobby sie war, hatte es fertiggebracht, mir jede Neugier auf diesem Gebiet schnell und gründlich auszutreiben...

Und nun kam dieser alte Herr - damals war man froh, wenn man einen politisch nicht belasteten Fachmann aufbieten konnte, und fragte nicht nach den Jahren. Er sprach praktisch frei, hatte nur, einem Kartenspiel ähnlich, eine Handvoll kleiner Zettel mit Notizen bei sich (auf der Rückseite sah man noch Bruchstücke von "Wochensprüchen" aus der Nazizeit; die waren nämlich immer auf sehr schönem festem Papier gedruckt, und er ließ nichts umkommen).

Mein Kommilitone Ohlsen sagte einmal in komischer Verzweiflung: "Sprachwissenschaft ist die Lehre davon, wie man aus jedem beliebigen Laut jeden beliebigen anderen machen kann!" Und so ungefähr kam es uns allen vor. Aber trotzdem. Unser Professor hatte ein eigenes System: Er ging mit uns rückwärts durch die Sprachgeschichte. Das erwies sich als sehr lebenspraktisch, denn man braucht Kenntnisse der historischen Lautlehre später hauptsächlich für die Suche nach den Grundbedeutungen von Wörtern (Etymologie).

Dafür ein allgemeiner zugängliches Beispiel: Wenn man z.B. weiß, daß im Französischen *-êt-* oft auf lateinisches *-est-* zurückgeht, kann man die Bedeutung von Wörtern Wörter wie *bête* (aus bestia) *fête* (aus *festa* - Fest) leicht erschließen. Was insgesamt alles aus lateinischem *st* werden kann, ist dafür ganz unerheblich.

Die "normalen" Lehrbücher der lateinischen Lautlehre gingen aber vom Sanskrit aus und stellten fest, was alles beispielsweise aus einem dortigen *a* werden konnte. Das ist natürlich für jemanden, der allgemeine Sprachwissenschaft betreibt, sehr interessant, erschwert aber dem, der die Etymologie eines lateinischen Wortes sucht, die Arbeit.

Ich habe darüber berichtet, weil ich später beim Englischstudium die andere Methode kennengelernt habe und daher weiß, wie studentenfreundlich Professor Jensens privater Weg war - ein entsprechendes Lehrbuchhat er leider nicht veröffentlicht.

Gegen Ende der Vorlesung verteilte er eine lange Reihe gut überlegter Kontrollfragen. Es war immer noch eine üble Büffelei, aber man hatte am Ende den Durchblick. Sein Wahlspruch für die Prüfung war: "Es ist keine Kunst, einen Studenten durchfallen zu lassen, denn es wäre ja traurig, wenn der Professor ihm nicht wissensmäßig überlegen wäre. Die wahre Kunst ist es, alles aus dem Prüfling herauszuholen, so dass er mit Recht besteht!" Wir haben alle bestanden...

Anders als Herr Professor Quell, der sich da auf die Mitteilung einiger Titel beschränkt hatte, ließ *er* mich vor der Prüfung dreimal zu sich kommen und ich durfte Fragen stellen, wo mir an der Mitschrift meiner Kommilitonin etwas unklar war. Ich hatte ja auch im 2. Studienjahr der Schule wegen nur jede zweite Vorlesung selbst hören können. Von heute will ich gar nicht reden - aber auch damals war das ein ungewöhnliches Entgegenkommen!

Bei der Gelegenheit stellte ich fest, dass Herr Professor Jensen die Vorliebe seines theologischen Kollegen Quell für Katzen teilte; aber er hatte nur Kätzchen in Holz, Glas und Keramik: Eine lebende Katze wollte seine Frau damals nicht leiden...

Noch einer unserer Professoren war schon siebzig: Gottfried von Lücken, der klassische Archäologe (1883 - 1976). Er war im Territorium noch bekannter als Herr Professor Jensen, weil er seit vielen Jahren öffentliche Vorlesungen hielt, die immer recht gut besucht waren. Ich bekam erst im dritten Studienjahr Lehrveranstaltungen bei ihm, aber natürlich begegnete man dem hageren, hochgewachsenen Herrn, der vom Ersten Weltkrieg her ein steifes Bein hatte, ständig in den Räumen des Instituts, damals noch im dritten Stock des Hauptgebäudes links. Er hatte ziemlich lange, lockige graue Haare, und ich entsinne mich noch gut, dass ich einen förmlichen Schock bekam, als er nach Pfingsten plötzlich im "Sommerlook" erschien: absolut kahl geschoren! Sehr praktisch zum Schwimmen natürlich, und das tat er bis ins hohe Alter regelmäßig - in der Ostsee! Auf den oberflächlichen Betrachter wirkte er zunächst wie "nicht ganz von dieser Welt" - aber das täuschte. Er war nicht nur weise (das auch!) sondern ausgesprochen weltklug, auch durchaus bereit, auf Befragen (aber nie ungefragt) guten Rat zu erteilen. Und er sah aufmerksam um sich. "Na, Herr N.", sagte er eines Morgens zu seinem Assistenten, "Sie sehen so bedrückt aus - soll ich Ihnen hundert Mark pumpen?", und hatte den Nagel auf den Kopf getroffen... Er hatte sogar ein oder zwei Patente auf fotografischem Gebiet, und einmal kam ich darauf zu, wie er ein Schloß reparierte - alles damals für Professoren nicht alltäglich. Wenn ich ins Museum gehe, sehe ich lieber Cézanne, Liebermann, Holbein, als Praxiteles und den Parthenonfries. Selbst "Gottfrieds" Vorlesungen bekehrten mich nicht völlig zur antiken Kunst. Aber als Persönlichkeit war er sehr beeindruckend, dabei von unerschütterlicher Gelassenheit in allen Lebenslagen.

Ein Beispiel: Fräulein Dr. K., Assistentin bei den Germanisten, die gut und gern seine Tochter hätte sein können, erschien eines schönen Tages im Institut und sagte: "Also Genosse von Lücken, das geht so nicht. Du hast wieder keinen Parteibeitrag bezahlt!" Der Sekretärin blieb bald der Atem stehen. - "Guten Tag, gnädiges Fräulein - nehmen Sie doch erst einmal Platz!" erwiderte Gottfried.

Sekretärin und ein Student im Nebenzimmer bissen sich auf die Knöchel, um nicht laut herauszulachen, und der Dame verschlug es die Sprache. Herr Professor von Lücken hatte sich, wie so mancher andere, eines schönen Tages im Jahre 1946 plötzlich als Mitglied der SED wiedergefunden, da er 1945 in die SPD eingetreten war. Bald nach diesem denkwürdigen Gespräch trennte man sich dann "im beiderseitigen Einverständnis", ohne Anfeindungen. Der alte Herr hatte nämlich gute Beziehungen zur Leningrader Ermitage und anderen Museen der Sowjetunion noch aus der Zeit vor 1933 und war einer der ersten, die nach dem Krieg dorthin eingeladen wurden. Für unser Institut erbrachte das etliche gemeinsame Publikationen, und für die Universität war diese Verbindung natürlich sehr rühmlich, man behandelte ihn mit entsprechender Vorsicht.

Als er mich zum ersten Mal mit "gnädiges Fräulein" anredete, dachte ich (wie sicher auch Fräulein K.), er wolle mich leise verspotten - aber so einfach war das nicht. Er hielt mit dieser Förmlichkeit nur jeden auf Distanz - aber er hatte dem Rektor gegenüber keine andere Höflichkeit als zu unserer Raumpflegerin. Einmal, als er eine Studentengruppe durchs Pergamonmuseum führte, schlossen sich uns mehrere Damen an. Hinterher kam er zu mir und zeigte mir auf der flachen Hand eine (West)mark - Trinkgeld!

"Nun sehen Sie sich das an! Aber ich konnte ihr doch nicht sagen, wer ich bin - wie sehr hätte sie das beschämt." Ich glaube, er überschätzte die Dame, und es hätte ihr ganz gut getan, sich ein bisschen albern vorzukommen: Mit etwas genauerem Hinhören hätte sie wohl merken können, daß das Niveau dieser Führung weit über dem Üblichen lag; und nach dem, was ich inzwischen von Westpreisen weiß, hätte sie bei sich zu Hause auch einem "normalen" Führer nicht so eine kümmerliche Mark angeboten... Aber für ihn war diese Haltung kennzeichnend.

Herr Professor von Lücken hielt noch mit 80 öffentliche Vorlesungen und Konferenzbeiträge - 1968 erschien eine Rostocker Festschrift zu seinem 85. Geburtstag. Erst nach dem Tode seiner Frau übersiedelte er nach München in ein schönes "serviced appartment" in der Nähe seines Sohnes, aber er besuchte uns auch von dort aus - auf dem Weg nach Leningrad! - noch einmal. Übrigens löste er bei der Gelegenheit einen wilden Trubel aus: Er saß in seinem Zimmer an seinem alten Schreibtisch, als das Telefon klingelte, und nahm automatisch den

Hörer ab: "Hier Lücken; bitte?"
Wenig später hatten wir den Sicherheitsbeauftragten da - wie wir einen "Ausländer" a) überhaupt in unsere Räume und b) ans Telefon lassen könnten! Ich weiß nicht mehr, wer dem Herrn antwortete, da möchte sich dann der Rektor selbst bemühen, von uns sähe sich niemand in der Lage, den alten Ordinarius auszusperren. Er war immerhin etwa 50 Jahre in Rostock gewesen! Manches war schon etwas schräge "bei uns zu Lande auf dem Lande"...

Noch einen dritter alter Herr wirkte bei uns, Herr Professor Wollenberg (1880 - 1977). Er war in der Weimarer Zeit Landgerichtspräsident gewesen, aber im Dritten Reich zwangsweise in den Ruhestand versetzt worden. Er kannte meinen Vater aus der Deutschen Volkspartei und erkannte mich sofort - wegen der Ähnlichkeit. Er las römische Rechtsgeschichte, sozusagen als Hobby, und recht praxisverbunden. In diesem Falle begeisterte mich nicht nur der Lehrer, sondern auch das Fach. Zwar habe ich nicht gleich auf diesem Gebiet wissenschaftlich einsteigen können - an römischem Recht als Forschungsgegenstand bestand in der DDR lange Zeit kein öffentliches Interesse - aber 1972 eröffnete sich ein Weg, und da nahm ich die Chance wahr und habe es nie bereut.
"Wolli" wirkte ausgesprochen harmlos - aber er hatte es faustdick hinter den Ohren. Unter den Studenten im Studienjahr über uns war ein so begab-

ter wie arroganter junger Mann, ein großer Thomas-Mann-Verehrer und Freund klassischer Musik ("Ich fuhr heute morgen mit der Straßenbahn und pfiff gerade in Gedanken ein Motiv aus dem C-Dur Klavierkonzert Beethovens..."), der für die Lehrkräfte nicht ganz unproblematisch war. Eines Tages, als er wieder während der Vorlesung mit seiner Nachbarin tuschelte, sagte Wolli plötzlich ganz freundlich: "Herr Soundso, ich weiß ja, Sie sind nur der Verführte - aber im Interesse der Sache, seien Sie doch etwas standhaft und lassen sich nicht immer ins Gespräch ziehen!" Der junge Mann erbleichte - das ihm! "Der Verführte" - wo er doch die graue Eminenz hinter allen Streichen war! Er machte den Mund auf - und wieder zu - es gab nichts zu sagen, was ihn nicht lächerlich gemacht hätte. Von Stund an gab es keinen Ärger mehr mit ihm.

Mein Kommilitone Ohlsen brachte diesen Kommilitonen auf andere Weise zur Raison. Er kam gegen dessen flinkes Mundwerk nicht auf, der andere konnte scheinbar unschuldige, aber in Wirklichkeit boshafte und verletzende Dinge sagen. Aber einmal ging er zu weit - und Ohlsen ergriff ihn, hob ihn mühelos in die Höhe, setzte ihn oben auf einem Schrank ab und ging ohne ein Wort von hinnen.

Nur als Randbemerkung: ich habe mich mit allen Kommilitonen standhaft gesiezt und also die Namen auch als "Herr W." und "Fräulein D." im Gedächtnis. Ich war ja acht Jahre älter als die meisten von ihnen.

Der Institutsdirektor war Werner Hartke (1907-1992[?] - jedenfalls nach 1989), der spätere Akademiepräsident. Er brauchte sich über Disziplin keine Gedanken zu machen - merkwürdig: Niemand hat von ihm je ein böses Wort gehört, aber jeder war der Überzeugung, sein Zorn müsse entsetzlich sein. Außerdem war man auch so atemlos beim Mitschreiben oder - im Seminar - beim Mitdenken, daß zu Allotria gar keine Gelegenheit blieb.

Seine Vorlesungen waren nichts für Studenten mit schwachen Nerven - er konnte sich plötzlich unterbrechen und eine anspruchsvolle Frage stellen. Unser etwas schüchterner Kommilitone Wondrak antwortete zaghaft und leise, zuckte aber sofort zurück, als der Professor ihn daraufhin scharf ansah. "Menschenskind! Geben Sie doch nicht sofort nach! Verteidigen Sie sich bis aufs Messer!" Von Hartke stammten goldene Worte für das Verhalten in der Prüfung: "Bleiben Sie fest bei Ihrer Ansicht! Das ist Ihre Chance! Der Prüfer kann in dem Augenblick auch nicht nachschlagen..." - "Wenn Sie gar nicht weiter wissen, sagen Sie: 'Bitte wiederholen Sie die Frage!' So gewinnt man Zeit zum Überlegen." Und für die Examensarbeit: "Denken Sie immer: Was gestrichen ist, kann nicht mehr getadelt werden!" - Einem Assistenten, der eine sehr umfangreiche Dissertation vorlegte, gab er sie zurück mit der Bemerkung:" Wer etwas Vernünftiges zu sagen hat, kann das auch auf 150 Seiten! Erst kürzen, dann wieder vorlegen!" Ein wahrhaft beherzigenswertes Wort, finde ich. Unmusikalisch war er aber - nach einem Konzert glaubte er sich "an ein Notturno von Bach" zu erinnern - ich sehe noch die gequälten Gesichter unserer beiden Musikliebhaber!

Herr Professor Hartke war später sehr umstritten, um es milde auszudrücken, wegen seiner Haltung bei der Hochschul- und der Akademiereform und vor allem bei der Maßregelung von Richard Havemann. Aber davon weiß ich nur vom Hörensagen und überlasse den Gegenstand einem kundigen Memoirenschreiber. An unserem Institut war er - außer dem Assistenten N., der schon sehr bald in den Westen ging, der einzige Genosse bis in die siebziger Jahre. Aber er hat in dieser Hinsicht nie irgendwelchen Druck ausgeübt. Ich denke, es spricht auch für ihn, dass er ganz unterschiedliche, jeweils in ihrer Art tüchtige Schüler hatte - er regte an, aber er drängte niemanden in eine bestimmte Richtung.

Dr. Franz Zimmermann (1891 - 1962), der erst etwas später als ich an das Institut kam (kein Verwandter des Archäologen Konrad Z., der heute noch in Rostock wirkt), war Gräzist, ein Fachmann auf dem Gebiet des griechischen Romans, dem er seine Lebensarbeit gewidmet hatte. Er war lange Zeit Lehrer gewesen und wurde in den fünfziger Jahren zunächst als (Wahrnehmungs-)Dozent nach

Rostock gerufen, wo er nun plötzlich alle Vorlesungen seines großen Fachgebiets übernehmen musste. Oft saß er bis in die Morgenstunden an der Präparation, und gelegentlich kam es vor, dass der vorbereitete Stoff nicht ganz für die beiden Stunden reichte...

Von oben aus dem dritten Stock war es ein drolliger Anblick, seinen großen schwarzen Kalabreser sich die Treppe hinabwinden zu sehen - der kleine Herr verschwand gänzlich unter dem Hute. Er war der Privatgelehrte, wie er in Romanen des vorigen Jahrhunderts geschildert wird - eine Seele von Mensch (er hatte die Witwe eines Freundes geheiratet, um dessen vier Kinder versorgen zu helfen), sein Lebtag in beschränkten Verhältnissen verbringend: Einmal erzählte er uns von seiner Reise 4. Klasse nach Konstantinopel, um an einem Kongress teilnehmen zu können... Er war nicht mehr der Jüngste, und die Habilitation mit seinem Werk über den spätantiken Romanautor Chariton und die folgende Berufung zum Professor war die Krönung seines Lebenswerks - er strahlte förmlich vor Glück, als er sich zum erstenmal im Glanze des Talars mit dem lila Kragen der Philosophischen Fakultät zeigen konnte. Wir gönnten es ihm alle von Herzen - ich glaube, er hatte wirklich keinen Neider.

Professor Zimmermann war der einzige starke Raucher bei uns am Institut - und aus Sparsamkeitsgründen rauchte er die billigen Karo-Zigaretten, von denen Ohlsen sagte: "Eine reicht für zehn Mann: Einer raucht - und die anderen fallen um!" Nicht einmal eine einzige Seminarsitzung konnte er ohne die geliebten Glimmstengel überstehen. Sie waren sicher mit schuld an seinem Tod nur kurze Zeit nach seiner Berufung. -

Wir strebten also recht emsig, und ich war entsprechend verärgert, als mir eine ehemalige Kameradin aus dem Arbeitsdienst schrieb: "Da bist Du also in die Partei eingetreten. Das weiß ja jeder, dass man bei Euch nur gute Noten erhält, wenn man in der SED ist."

Merkwürdig: Meine englischen Freunde wussten auch nichts über die DDR, aber sie machten wenigstens keinen Hehl daraus, auch nicht aus ihrem geringen Interesse an den hiesigen Verhältnissen. Aber bei westdeutschen Bekannten erlebte ich es immer wieder, dass sie felsenfest davon überzeugt waren, besser über alles Bescheid zu wissen als wir selbst; sie glaubten einem auch nicht, wenn man sie zu korrigieren versuchte - zum Verrücktwerden!

DAS JAHR 1953

Dies Jahr war das letzte, in dem ich gleichzeitig Lehrerin und Studentin war, und dadurch haben sich mir die zwei herausragenden politischen Ereignisse noch tief eingeprägt. Mit dem Augenblick, als ich nicht mehr Klassenlehrerin war und also auch nicht mehr dauernd Schülern Tagesereignisse erklären musste, werden meine eigenen Erinnerungen weniger lebhaft. An der Universität war es mindestens möglich, sich weitgehend auf das Fachliche zu beschränken, und ich tat es, mindestens zunächst.

Am 5. März dieses Jahres starb Stalin .

Für die "Stalinschwärmerei", wie ich für mich den Personenkult bezeichnete, hatte ich mich nie erwärmen können - so etwas war (und ist!) mir peinlich, wer auch immer das Objekt ist. Ein Staatsmann sollte eine solche Haltung nicht ermutigen, sondern nach Kräften gegensteuern, wie Lenin es getan hat. -

Diese Verirrung war jedenfalls auch unter den Deutschen keineswegs bei allen (wenn sicher auch bei vielen) Heuchelei und Karrierismus: Ich habe Leute, von denen ich das nie erwartet hätte, bei seinem Tode völlig fassungslos gesehen. Dabei war der Mann schließlich 74 und hatte ein anstrengendes Leben geführt - sein Ende oder mindestens das Ende seiner Arbeitsfähigkeit hätte doch keinem denkenden Menschen völlig überraschend kommen dürfen. Offenbar war - und ist! - der Wunsch nach einem Ersatz für Gott, nach jemandem, der alle Verantwortung übernimmt und "der es schon richten wird" ziemlich weit verbreitet. Der Volk- und-Wissen-Verlag erbat damals von mir telegrafisch eine Stellungnahme, und meine Mutter sagte: "Depeschiere zurück: 'Bin untröstlich!'" Das habe ich allerdings gelassen; aber wir sahen ihn zu Hause eben - distanziert; das ist wohl der richtige Ausdruck. Die Formulierung "Stalinschwärmerei" gibt meinen damaligen Bewusstseinsstand ziemlich genau wieder, denke ich - sie zeigt aber auch, dass ich das Ausmaß an Schrecken, das sich hinter dem auch noch euphemistischen Ausdruck "Personenkult" verbarg, völlig unterschätzte.

Gerade an Stalins Todestag war seit längerer Zeit ein Elternabend angesetzt, an dem ich zu reden hatte. Und während sonst wohl die Direktorin, gewiss aber die Parteisekretärin gekommen wäre, die ungemein pflichtbewußt war, stand ich an diesem Abend völlig allein auf weiter Flur - die Eltern allerdings warteten mit Spannung, wie ich mich wohl aus der Affäre ziehen würde. Nicht ich selbst - aber Mama, die wirklich eine kluge Frau war, hatte das geahnt; sie kam sogar mit, damit ich einen Zeugen hätte, bzw. damit sie notfalls ein paar Zeugen "festnageln" könnte - und ich sprach die mit ihr zusammen überlegten salomonischen Worte: "Wir gedenken heute des Todes von Generalissimus Stalin. Ich bin in dieser Stunde nicht in der Lage, eine

Einschätzung seines Lebenswerks und seiner Bedeutung zu geben - ich will nur eines nennen: während er an der Spitze des Landes stand, ist in der
SU die siebenjährige Schulpflicht eingeführt und
durchgesetzt worden: das ist eine gewaltige Leistung, für die Millionen ihm dankbar sind und
bleiben werden." Das war's dann auch schon - alles
glatt gelaufen.

Ich habe mich in der DDR nicht ständig verfolgt
oder bedroht gefühlt - aber dass sich diese Minu-
tenansprache über 40 Jahre lang meinem Gedächtnis so fest eingeprägt hat (über welches pädagogische Thema ich an dem Abend referiert habe, weiß
ich längst nicht mehr), zeigt, dass man gelegentlich
das Gefühl hatte, auf Messers Schneide zu balancie-
ren, besonders wenn sowjetische Belange irgendwie tangiert waren. Dass die beiden Damen von der
Leitung sich fernhielten, weist mindestens darauf
hin, dass auch sie sich unsicher gefühlt hätten.

Von den Ereignissen in den dreißiger Jahren in der
SU, von GULAG und Hinrichtungen habe ich zu
diesem Zeitpunkt noch nichts gewusst. Vielleicht
muss ich besser sagen: nichts zur Kenntnis genommen. Nicht ehe es in der Sowjetunion eingestanden
wurde, z.B.von Schriftstellern wie Simonow ("Man
wird nicht als Soldat geboren") und Galina Niko-
lajewa ("Schlacht unterwegs"), deren Bücher mich
dann tief beeindruckten - und mit ihnen hielt ich
die Krankheit des Systems, die sich da abzeichnete,
trotz allem für heilbar.

Das erwies sich als Irrtum - woran neben den inneren Widersprüchen auch das Embargo auf sog. strategische Güter und die Totrüstungspolitik der USA einen heute völlig verdrängten Anteil hatten. Auf unserer Seite des vielberufenen und geschmähten Eisernen Vorhangs verdiente kein Konzern an der Rüstung, das wollen wir doch einmal festhalten.

Nach dem Zusammenbruch des sozialistischen Lagers - dessen Kriegsbereitschaft immer hochgespielt worden war - kamen die inneren Widersprüche auf der kapitalistischen Seite wieder deutlich ans Licht - bis dahin hatten, wie es aussieht, die Wirtschaftsmächtigen eine rigorose Umverteilung von unten nach oben noch zurückgestellt, um die Abwehrkräfte gegen die sozialistische Verlockung nicht zu sehr zu schwächen. Jetzt fielen alle Hemmungen weg.

Wenn ich die Eskalation der Gewalt, die vielfältige ökologische Bedrohung, Armut und Arbeitslosigkeit auf der einen und die gigantische Korruption auf der anderen Seite in aller Welt betrachte, frage ich mich beklommen, ob der Mensch, der biologisch schließlich (als ehemaliges Herdentier) auf ein Leben in übersehbaren Gemeinschaften eingerichtet ist, mit der "Globalisierung" von Wirtschaft und Politik seine Möglichkeiten zu überschreiten im Begriff ist oder es schon getan hat?

Selbst in Ländern mit demokratischer Tradition, in denen die Hemmschwelle gegen die Akzeptanz eines allzu mächtigen Staatsoberhauptes hoch ist, greift die als "Politikverdrossenheit" bezeichnete Depression um sich.

Denn in einem kapitalistischen Staat sind die wahren Machthaber heute von unten kaum noch zu erkennen, geschweige denn zu beeinflussen: Wer kennt auch nur die Namen der 47 deutschen Familien, deren Vermögen die Milliardengrenze (1.000.000.000 Mark!) übersteigt?

(vgl. Dorothea Beck/Hartmut Meine "Wasserprediger und Weintrinker. Wie Reichtum vertuscht und Armut verdrängt wird", Steidl, Göttingen 1997) Dies Buch liest sich streckenweise wie eine Fortführung zu Sätzen, die Rosa Luxemburg schon 1915 in der Juniusbroschüre geschrieben hat: " ... *das Finanzkapital... (ist) eine Macht,* s*chrankenlos und sprunghaft ausdehnungsfähig, immer nach Profit hungernd, unpersönlich, daher großzügig, wagemutig und rücksichtslos, international von Hause aus, ihrer ganzen Anlage nach auf die Weltbühne als den Schauplatz ihrer Taten zugeschnitten...".*

In dem Kapitel "Der anonyme Reichtum. Oder: Wem gehört die Deutsche Bank?" wird von Best/ Meine u.a. die Rolle der großen US-amerikanischen Investmentfonds nachgezeichnet, deren größter, Fidelity Investment, *"etwa 860 Milliarden Mark, fast doppelt soviel wie der deutsche Bundeshaushalt"* (S.146) verwaltet.

Internationale Fonds halten beträchtliche Anteile an deutschen Konzernen: *"20% bei der Commerzbank, 51% bei Hoechst,....,18% bei Siemens. Der Man-*

nesmann-Konzern und der Bauzulieferer WERU sollen bereits zu über 60 % im Besitz ausländischer Aktionäre und Fonds sein." (S.148) Man muß das Buch wirklich selbst lesen, dann wundert man sich nicht mehr, daß Demonstrationen, wie sie die DDR-Regierung in den Grundfesten erschütterten, im vereinten Deutschland einfach nicht mehr stattfinden: Den Arbeitern ist das Gegenüber verloren gegangen. Die Macht ist anonym - der Kleinaktionär ist gleichzeitig ihr Bestandteil und kann ihr Opfer werden, während die Fonds insgesamt anscheinend so gut wie unverwundbar sind - falls nicht die augenblickliche ostasiatische Krise ein Menetekel ist.

* * *

Wenn ich der Verzweiflung nahe bin, richte ich mich ein bisschen an den Franzosen auf, die es trotz allem immer wieder schaffen, Aktionen in Gang zu setzen, die der Gegenseite richtig weh tun und mindestens Teilerfolge bringen; und ich kann für uns Deutsche allenfalls auf Hölderlin zurückgreifen: "*Wo aber Gefahr ist, wächst das Rettende auch.*" Rudolf Bahro war kurz vor seinem Tode ebenfalls dieser Ansicht. Als Rentnerin muss ich mich zur Unterstützung dieses "Wachsens" wohl an Luthers berühmten Satz halten: "*Und wenn die Welt morgen untergehen sollte, so würde ich doch heute noch mein Apfelbäumchen pflanzen!*" Was ich verstehe als: Etwas im Kleinen Nützliches tun - und nach Kräften diejenigen Parteien und Organisationen unterstützen, die die Sorgen der ganz gewöhnlichen Menschen sowie die Umwelt fest im Blick haben und sich nicht den Verstand verkleistern lassen, was die Mittel zur Verbesserung der Situation angeht.

* * *

Eine Analyse von Stalins Charakter, seinen Verdiensten und seiner Schuld überlasse ich den Zeitgeschichtlern. Nur einen Punkt, der mich direkt berührte, will ich erwähnen:
Dass Stalin ein begnadeter Wissenschaftler sei, habe ich nie angenommen. Er hatte aber ein merkwürdiges pädagogisches Talent: Seine vereinfachte Fassung des Marxismus, in zahlreichen Broschüren unters Volk gebracht, prägte sich nur zu gut ein - allerdings als "Lernstoff".
Ich habe viel später noch gelegentlich festgestellt, dass Ansichten, die ich völlig verinnerlicht hatte, über deren Herkunft ich mir gar keine Gedanken mehr machte, auf ihn zurückgingen. Gerade weil sich seine schlichten Sätze so gut behalten ließen, verhinderte aber das intensive Studium seiner Werke vermutlich vielfach die Anwendung der dialektischen Methode, auf die es Marx und Engels doch vor allem angekommen war. Die katastrophale Wirkung wurde noch vertieft, durch die Ge-

wohnheit, "den Genossen Stalin wörtlich zu zitieren", von der abzuweichen in der SU zeitweilig offenbar geradezu lebensgefährlich war. Ich habe darin lange - zu lange - nur ein Zeichen geistiger Bequemlichkeit bei den Benutzern und manchen subalternen Vermittlern gesehen. Der Wahnsinn hatte aber vielleicht doch Methode. Das Auswendiglernen (ich rede nicht von Gedichten!) hält von der Suche nach eigenen Formulierungen und damit vom tieferen Verständnis eines Sachverhalts oft geradezu ab. Es kommt darauf an, ob Stalin überhaupt selbst in der Lage war, dialektisch zu denken. Dann hätte er seine Gefolgsleute bewusst davon abgehalten, es auch zu lernen, indem er "Studium" als "reines Lernen" interpretieren ließ.

* * *

Im Frühjahr 1953 spitzte sich die wirtschaftliche und die politische Lage in der DDR zu. Die Produktivität stieg nicht im notwendigen Maße, auch nachdem die ersten neuen Maschinen aufgestellt worden waren: die Normen blieben zunächst, wie sie waren, und das heißt, sie konnten jetzt zu 50 und mehr Prozent übererfüllt werden. So wurden die Lohnkosten zu hoch. Das ist ein Problem, das sich mir eingeprägt hat. Aber ich hatte keine Freunde, die in der Industrie tätig waren - es ist alles Hörensagen und Zeitungserinnerung.

Den selbstständigen Kaufleuten wurden die Lebensmittelkarten weggenommen, sie sollten alles für teures Geld in der HO kaufen. So viel Gewinn warfen die Läden aber nicht ab. Das trieb in die Geschäftsaufgabe - und sollte es auch wohl.

Eine frühere Kundin, Mühlenbesitzerin aus Rostock, kam ins Gefängnis, weil sie versucht hatte, ihre Briefmarkensammlung in Westberlin zu Geld zu machen, das galt als Devisenvergehen. Zunächst saß sie noch in der Schwaanschen Straße in dem Untersuchungsgefängnis, das inzwischen abgerissen ist. Als meine Mutter dies erfuhr, ging sie hin und gab ein halbes Pfund Butter für sie ab. Sie fand, es sei schließlich ihre eigene Sammlung gewesen, sie habe also nichts Verwerfliches getan. Später schrieb Frau L. ihr, dass sie die Einzige gewesen sei, die sich gekümmert hätte - obwohl wir keineswegs zu ihren engsten Freunden gehört hatten. Andere hatten vielleicht Angst - aber - naja. Es gab auch Geschäftsschließungen und Verhaftungen von Geschäftsleuten, denen Steuerbetrug und Ähnliches vorgeworfen wurde. Aber was die Arbeiter auf die Barrikade trieb, waren die Maßnahmen, die sie selbst trafen: die Preise der Fahrkarten im Nahverkehr wurden erhöht - bei weitem nicht auf das, was wir jetzt zahlen, aber für die Werftarbeiter in Rostock machte es beispielsweise doch allerlei aus. Plötzliche Normerhöhungen in den Großbetrieben brachten dann das Fass zum Überlaufen, und die Regierung entschloss sich zu spät zu einer Korrektur - es kam der 17. Juni. Mama und ich haben erst am Abend gemerkt, dass etwas los war: da gingen wir nämlich ins Theater. Es gab "Regina" von Lortzing, eine "Revolutionsoper" aus dem Jahre 1848, deren Inhalt ich sonst völlig vergessen habe, obwohl Fräulein Feise mitspielte und wir sie also wohl mehrmals gesehen haben - oder wurde sie gleich abgesetzt? Denn: Es gab es eine Szene, in der jemand auf die Bühne stürzte und rief: "Revolution! Überall brechen sie los - in Berlin, sogar in Leipzig!" Plötzlich lebhafter Applaus, den wir gar nicht deuten konnten. Erst in der Pause klärte uns jemand auf, dass es in Berlin Unruhen gegeben habe, aber russische Panzer aufgefahren seien.

Kollegen, die damals in Halle und Berlin waren, haben mehr erlebt und mir später davon erzählt - aber in Rostock ging es doch etwas sachter an. Und als die meisten der Maßnahmen zurückgenommen oder abgeschwächt wurden, mit denen die Wirtschaft hatte angekurbelt werden sollen, beruhigten sich die Gemüter bald. Aber: Die Ursachen waren auf diese Weise nicht behoben, die zu geringe Produktivität der Wirtschaft blieb ein ständiges Problem. Natürlich auch der Weggang gerade gut qualifizierter Arbeitskräfte - von den in Rostock ausgebildeten Studenten verschwanden ebenfalls viele gleich nach dem Examen. Wie Christian Meier, der bekannte Althistoriker in München, der auch hier studiert hat, - ich habe ihn jedoch nicht mehr kennengelernt. Besonders bei den Medizinern waren die Verluste groß - das führte dann etwas später zu Sondervergünstigungen für diese Berufsgruppe - auch bei der Zulassung ihrer Kinder zum Studium...

Bereits seit 1952 war im Gange, was heutzutage "Kollektivierung der Landwirtschaft" heißt, der Zusammenschluss der Bauern, besonders der Neubauern, in LPGs (Landwirtschaftlichen Produktionsgenossenschaften). Wer damit nicht einverstanden war, stimmte mit den Füßen ab, ging also in die BRD - große Demonstrationen hat es auf dem Lande damals meines Wissens so wenig gegeben wie 1989 - aber darauf komme ich noch zurück, weil ich etwas später wirklich gute Bekannte in einer LPG hatte.

WIEDER IN DER SCHULE -
EINE ANDERE PERSPEKTIVE

Während meiner Studienzeit und auch noch einige Jahre danach gab es zwei Unterrichtspraktika, eines im dritten und eines im vierten Studienjahr, wenn ich mich recht besinne - aber zwei waren es auf alle Fälle, während seit den siebziger Jahren nur noch ein langes Schulpraktikum im letzten Studienjahr durchgeführt wurde und heute die Referendarausbildung wieder nach dem Staatsexamen erfolgt - wie schon in meiner Kindheit und in der BRD von Anfang an.

Aber ob man überhaupt für den Lehrerberuf geeignet ist, entscheidet sich immer erst in der Praxis. Wenn das Praktikum also am Ende des Studiums oder gar erst nach dem Staatsexamen liegt, ist die Gefahr sehr groß, dass jemand erst, wenn alle Messen gelesen sind, merkt, dass aus ihr/ihm kein Schulmeister werden kann. Ferner: Während es sehr einleuchtend erscheint, dass ein Student der Ökonomie oder der Rechte nur relativ dunkle Vorstellungen von seinem zukünftigen Beruf hat, setzt man bei einem Lehrerstudenten voraus, dass er weiß, was auf ihn zukommt, denn er ist ja 12 oder gar 13 Jahre zur Schule gegangen. Das ist aber ein Trugschluss: Die Arbeit des Lehrers wirkt aus der Schülerperspektive ganz anders, als wenn man sie selbst verrichtet. Das haben mir etliche Studenten, die das Studium abbrechen wollten, gestanden.

Deshalb sind Studienanfänger auch keineswegs in der Lage, ihre Vorlesungen sozusagen vom Standpunkt des künftigen Kollegen aus zu hören. Für sie ist die Universität zunächst eine Fortsetzung der Schule. Allenfalls die Männer, die zwischendurch "bei der Fahne" gewesen waren (Zivildienst gab es in der DDR nicht; das war ein wenig rühmliches Kapitel der damaligen Geschichte), konnten schon etwas Abstand gewinnen. Daher immer wieder die Klagen: "Wozu soll das gut sein? Das brauchen wir doch gar nicht!" und die schülerhafte Einstellung: "Was nicht 'dran' war, kann nicht geprüft werden, bloß nicht zu viel tun!"

Beim ersten Schulpraktikum, konfrontiert mit 25 bis 30 munteren Schülern, verstand der Student dann plötzlich, weshalb es beispielsweise wünschenswert ist, eine ganze Menge Grammatik griffbereit zu haben und nicht nur fallweise nachzuschlagen. Kein Tadel des Lektors wirkt so demütigend wie die unschuldige Bemerkung einer wohlmeinenden Schülerin: "Fräulein X, bisher haben wir immer *'fieret'* gesagt und nicht *'faceretur'*!" oder die langsam durch allgemeines Schmunzeln aufgehellte Stille, wenn der Kandidat eine Frage nicht beantworten kann und zu stammeln beginnt... "Herr Soundso", sagte unsere Mentorin freundlich, "wenn Sie wieder nicht weiterwissen, rufen Sie getrost Heidi Foerster auf (das war die Tochter unseres Griechischlektors an der Universität), die hilft Ihnen dann schon!". So etwas schmerzt - und fördert ungemein. Nach dem ersten Praktikum wusste der Student plötzlich viel besser, worauf er in den Lehrveranstaltungen und bei der Lektüre zu achten hatte. Unwillkürlich fragte man sich: Wie könnte ich diesen Tatbestand, dies Problem Schülern nahebringen?

Ich werde nie verstehen, weshalb man von den beiden Praktika abgekommen ist - nicht nur ich, auch andere Kollegen haben immer wieder darauf hingewiesen, wie vorteilhaft die Lösung war - ‚aber in diesem Punkte sind die Obrigkeiten in Ost und West sich einig gegen die Praktiker... Ein oft strapaziertes Argument ist, im dritten Studienjahr seien die Studenten sachlich und sprachlich nicht weit genug. Erst nach Abschluss der fachlichen Ausbildung könnten sie sozusagen auf die Schüler losgelassen werden. Aber in welchem Handwerk lässt man den Lehrling erst nach der Theorieprüfung ans Werkzeug?

Niemand wird einen Anfänger bei der Vorbereitung der Stunde ganz allein lassen, und niemand wird auch erwarten, dass er/sie in diesen ersten Unterrichtswochen die volle Stundenzahl erteilt. Das Unheil, das der Student da anrichten könnte, lässt sich in Grenzen halten. Wenn jemand wirklich allzu unwissend ist, unterrichtet eben der Mentor zwischendurch einmal wieder selbst. Nach meinen Erfahrungen überwiegen die Vorteile des frühen Praktikums alle Nachteile bei weitem.

Dass dies nicht nur eine sozialistische Utopie ist,

stellte ich am 17. Juli 1994 bei der Lektüre der "Welt am Sonntag" fest: Unter der Überschrift "Neue Lehrer braucht das Land" wird dort über ein Buch gleichen Titels von Professor Peter Struck (Universität Hamburg) berichtet, der nach einer stärker praxisorientierten Lehrerausbildung ruft - es müssten *engagierte, schülerorientierte Sozialpädagogen als Lehrer her"* - sein Wort in Gottes Ohr!

Damals gab es auf der Erweiterten Oberschule (Klasse 9 - 12) drei "Zweige", den altsprachlichen, den mathematisch-naturwissenschaftlichen und den neusprachlichen Zweig. Im ersten hatten die Schüler vier Jahre Latein und zwei Jahre Griechisch, im zweiten die letzten drei Jahre wahlweise Englisch oder Latein, im dritten konnte Latein als dritte Fremdsprache gewählt werden. Russisch brachten alle Schüler von der 5. Klasse an mit, die zweite Sprache konnte Englisch, Französisch, an manchen Schulen auch Tschechisch oder Polnisch sein. Wir machten unser Praktikum an der Goetheschule, die einen altsprachlichen Zweig hatte ("EOS mit erweitertem altsprachlichen Unterricht"), unsere Mentoren waren Fräulein Fuchs und das Ehepaar Kollmann.

Alle drei hatten ihre akademische Ausbildung noch in Vor-DDR-Zeiten absolviert.

Der Direktor der EOS dagegen war ein Neulehrer, der im Unterschied zu mir aber nie die Möglichkeit wahrnahm, seine Kenntnisse durch ein Studium aufzustocken. Naja - nach allem, was ich über meine

Schwierigkeiten auf dem Weg zur Universität erzählt habe, muss ich wohl eher sagen: "...der sich nicht die Möglichkeit eines nachträglichen Studiums erkämpfte". Sicher wird man auch ihm erklärt haben, dass er gebraucht werde; und man beförderte ihn auch ohne Universitätsabschluss. Das ist gar nicht wenigen Leuten so ergangen. Natürlich war das in gewisser Weise schmeichelhaft für den Betreffenden; ein Studium machte ja auch allerlei Mühe und brachte finanzielle Einbußen - weshalb es also gegen den Willen der Vorgesetzten durchdrücken? Aber letztlich war der so "Geförderte" am Ende meistens doch betrogen: Der Zeitpunkt kam bestimmt, zu dem alle seine Untergebenen höher qualifiziert waren als er selbst; und in den allermeisten Fällen nahm man ihn dann nicht mehr recht ernst. Das führte dazu, dass er selbst, missgelaunt und misstrauisch, sich autoritär Respekt zu verschaffen suchte - und meistens auch dazu, dass er irgendwann auf ein Abstellgleis geschoben wurde. Gar nicht wenigen "Helden der ersten Stunde" erging es von den sechziger Jahren an so. In diesem Falle brauche ich keine weibliche Form einzuschalten: Unterqualifizierte Frauen in Leitungspositionen waren in der DDR sehr, sehr selten - ich habe keine kennengelernt. Doch, allerdings erst später, eine: Margot Honecker, Volksbildungsministerin seit 1963.

Minister sind auch in Demokratien selten Fachleute auf dem Gebiet, das sie vertreten - soviel habe ich inzwischen schon dazugelernt. Niemand erwartet von ihnen, dass sie ihre Vorlagen selbst erarbeiten, dafür gibt es Beamte. Wenn jemand wirklich fachlich kompetent ist, so ist es eher ein Glücksfall. Aber im allgemeinen haben sie doch irgendeinen Hochschulabschluss. Das gibt ihnen ein gewisses methodisches Verständnis für die Arbeit auch in anderen Fächern, ermöglicht ihnen, die Zuarbeiten einigermaßen zu verstehen, günstigenfalls sogar sie zu beurteilen, und gibt ihnen eine gewisse Gelassenheit - Ausnahmen bestätigen die Regel. Gewiss kann jeder auf Anhieb eine Reihe tüchtiger Politiker und vielleicht auch einige Politikerinnen nennen, die nie eine Hochschule von innen gesehen haben - aber so jemand muss dann außer einem wie immer erworbenen Wissen (im vorigen Jahrhundert nutzten die Sozialisten die Zeit im Gefängnis zum Lernen!) eine sehr starke Persönlichkeit haben, um sich ohne Minderwertigkeitskomplexe durchzusetzen.

Ich jedenfalls bin überzeugt, dass Margot Honecker, die ihrer Berufsausbildung als Telefonistin offenbar nie eine weitere angeschlossen hat, ihren Mitarbeitern, die alle höher qualifiziert waren als sie selbst, und schlimmer noch, auch den nachwachsenden an den Universitäten ausgebildeten Lehrkräften misstraut und immer gefürchtet hat, sie könnten sich hinter ihrem Rücken über sie lustig machen. Und es erscheint mir wahrscheinlich, dass sie trotzdem und gerade deswegen manipulierbar war, wenn jemand es verstand, sie zu nehmen...

Ihr Vorgänger, Professor Lemmnitz (Minister für Volksbildung 1958-1963) - war zwar nicht Pädagoge, sondern Ökonom, aber doch wohl eine bessere Besetzung dieses verantwortungsvollen Postens. Ich kenne ihn allerdings nur als Nachbarn aus der Dehmelstraße in Rostock und Eigentümer eines riesigen schwarzen Katers, dessen Jagdbeute unter den damals noch zahlreichen Hühnervölkern der Umgebung er stets ohne Murren bezahlte. Aber mindestens kann ich mich nicht besinnen, dass über ihn an der Basis je so geseufzt und geflucht worden wäre wie später über M.H., unter deren Ägide die Lehrer solange gegängelt wurden, bis sich nicht wenige das eigenständige Denken tatsächlich abgewöhnten, mindestens im Beruf. Es wurde so gar nicht ermuntert!

Dass ein Hochschulstudium nicht vor Torheit schützt und eine kraftvolle Persönlichkeit nicht ersetzt, zeigt u.a. die Tatsache, dass auch in der DDR in den letzten Jahrzehnten die meisten Minister und Politbüromitglieder Hochschulabsolventen waren, wenn auch viele als Arbeiter begonnen hatten, was ja zur Erweiterung des Horizonts sehr nützlich sein kann. Beispiele aus anderen Ländern versage ich mir höflichkeitshalber - es ist halt ein weites Feld!

Aber das war ein Vorgriff, weil ich gerade beim Thema "Kader" war - ich stand ja noch im Jahre

1954/55, im Schulpraktikum, und wer damals Volksbildungsminister war, hat sich mir nicht eingeprägt. Der Unterricht mit den älteren Schülern während des Praktikums erwies sich als unproblematisch - ich denke, wer in Klasse 5 bis 7 gut fertig wird, hat weiter oben keine größeren Schwierigkeiten zu erwarten, wenn er/sie sich fachlich keine Blößen gibt.

Solange die Klassenlehrerin dabei war, nahmen damalige Schüler auch gelegentliche Patzer der Kandidaten sehr gelassen auf. Vor Fräulein Fuchs und Frau Kollmann hatten sie alle großen Respekt.

ENDSPURT IM STUDIUM

Meine Staatsexamensarbeit schrieb ich über Isaios, einen griechischen Redenschreiber des 4. Jh. v.Chr., der auf Erbschaftsprozesse spezialisiert war. Ich hatte mir das Thema beizeiten selbst gesucht, unter dem Gesichtspunkt: nur nicht so viel Sekundärliteratur! Abgesehen davon, dass es lästig und zeitaufwendig ist, wenn man sich durch laufende Meter Bücher und Artikel über jemanden hindurcharbeiten muss, ehe man an ihn selbst herankommt - es erschwert auch die Darstellung, besonders für einen Anfänger. Über Isaios waren in den letzten 80 Jahren nur drei Bücher erschienen, und gegen eines von ihnen konnte ich in einigen Punkten Einwände erheben - so etwas ist nahezu ideal für eine Anfängerarbeit.

Im allgemeinen hatte der Prüfling bestenfalls die Möglichkeit, unter angebotenen Themen eins auszuwählen. Aber andererseits sind Studenten, die sich selbst beizeiten Gedanken über das gewünschte Thema machen, derart selten, dass ich denke, man hätte damit auch heute noch eine Chance. Man sollte ja annehmen, dass jemand über ein selbstgewähltes Thema auch etwas Vernünftiges vorzubringen weiß. Ich hatte auch nur den Autor vorgegeben, Herr Professor Hartke spezifizierte dann das Thema: "Die Glaubwürdigkeit des Isaios" (der Mann war eine Art Rechtsanwalt!) - und ich hatte dann wieder die Möglichkeit, dieses Problem an einer bestimmten Rede abzuhandeln. "Und wenn es unbedingt nötig ist, können Sie mich auch konsultieren," hieß es am Schluss der Unterredung. Dieser Wink war ja nicht misszuverstehen.

Professor Hartke war damals schon in Berlin und kam nur noch alle vierzehn Tage für ein oder zwei Lehrveranstaltungen nach Rostock. Sein Nachfolger, Herr Professor Häsler, hatte es nach ihm schwer: Er hatte zu wenig Temperament. Bei den jüngeren Studenten, die seinen Vorgänger nicht mehr gehört hatten, war er beliebter als bei uns.

Jedenfalls, als ich wirklich ein Problem mit meiner Arbeit hatte, wandte ich mich damit an den Assistenten, Dr. Wolfgang Hering, der fast augenblicklich einen günstigen Lösungsweg sah. Ich habe insgesamt 30 Jahre mit ihm zusammengearbeitet und muss gestehen: es war nicht immer einfach. Aber fachlich war er ein As, ein Handschriftenkundiger und später ein Spezialist ganz eigener Art auf dem Gebiet der römischen Lyrik. Und wenn es ein Zeichen für Qualität ist, dass man mit seinen Schriften Kontroversen auslöst... Aber das lag damals noch in der Zukunft.

Im Sommer 1956 legte ich die mündlichen Prüfungen im Staatsexamen ab. Die in griechischer Literatur hat sich mir wegen der Begleitumstände besonders eingeprägt. Für die mündliche Prüfung darf der Kandidat (das ist auch heute noch so) zwei Autoren angeben, auf die er sich besonders vorbe-

reitet hat, einen Dichter und einen Prosaschrift-
steller. Wir hatten eine Kommilitonin, "bei deren
Beurteilung die Adjektive 'bemüht' und 'beflissen'
in ihr Recht eintreten müssen", wie der boshafte
Herr Soundso sagte. Dieses Unglücksmädchen hatte dem unendlich gutmütigen, aber etwas zerstreu-
ten Professor Zimmermann mitgeteilt, sie möchte
als Dichter "Homer, aber *nicht* die Ilias (sondern
nur die Odyssee)".

Solche Formulierungen sind gefährlich - und das
Unglück nahm denn auch seinen Lauf. Er präpa-
rierte eine Reihe von Fragen, erst allgemeiner, dann
spezieller Art - alle zur Ilias - und war erstaunt und
betrübt, dass sie so gut wie gar nichts zu sagen
wusste; aber er war auch wieder nicht so beweg-
lich, dass er es einfach mit etwas anderem versucht
hätte - und schließlich wusste sie keinen Ausweg
mehr, als in Ohnmacht zu fallen! Die Sekretärin
labte sie - und der Protokollant rief mich aus dem
Vorbereitungsraum, wo ich vorsichtshalber schon
beizeiten erschienen war. Ich absolvierte den ersten
Teil meiner Prüfung, dann wurde die inzwischen
wieder belebte Kandidatin geholt. Herr Professor
Hartke, der schon gemerkt hatte, was los war,
nahm kurz entschlossen das Heft selbst in die
Hand, und so kam sie am Ende noch mit einer Vier
davon. Anschließend kam ich wieder an die Reihe,
um meine Prüfung zu Ende zu bringen - alles bei
annähernd 30 Grad im Schatten....

Ich hatte das Studium in insgesamt vier statt der vorgesehenen fünf Jahre geschafft.

Die Arbeit über Isaios wurde später in der althistorischen Zeitschrift "Klio" abgedruckt; es war meine erste altertumswissenschaftliche Veröffentlichung.

AUF DEM WEG ZUM DR. PHIL.
(1956 - 1959)

Als ich das Studium aufnahm, hatte ich geglaubt, anschließend wieder als Lehrerin in die Schule zu kommen, und war damit auch völlig einverstanden gewesen. Aber nun eröffnete sich eine andere Möglichkeit, die der Aspirantur und einer anschließenden Hochschullaufbahn.

Unser Methodikdozent, Theodor Lehmann, für den meine Mutter spontan den Spitznamen "Tedeltudel" (aus "Kegelkugel") geprägt hatte, als sie ihn das erste Mal erblickte, näherte sich dem Pensionsalter, und ich wurde als seine Nachfolgerin ins Auge gefasst, denn ich hatte ja neben guten fachlichen Leistungen bereits acht Jahre Schulpraxis.

In jener Zeit wurden gerade die einzelnen Fachmethodiken (im Unterschied zur allgemeinen Unterrichtslehre - Didaktik) als Hochschuldisziplinen aufgebaut. Bis dahin hatten verdiente Fachlehrer an der Universität Lehraufträge gehabt - aber wie das so ist, um sich an einer Hochschule wirklich durchzusetzen, möchte man schon habilitiert sein; die Lehrer aber waren in aller Regel nicht einmal promoviert. Ich sollte also eine Aspirantur bekommen, möglichst schnell promovieren, und dann schleunigst eine Habilitation anstreben.

"Aspirantur" muss man heute schon wieder erklären. Es handelte sich dabei um ein dreijähriges Stipendium, etwa doppelt so hoch wie das höchste

Leistungstipendium eines Studenten, variabel zwischen 400 und 500 Mark, mit der Verpflichtung, in drei Jahren die Arbeit vorzulegen. Als Assistent verdiente man wesentlich mehr, aber man musste dann auch Lehrveranstaltungen und Verwaltungsaufgaben übernehmen, und das konnte recht zeitaufwendig werden. Ich war über diese Möglichkeit sehr froh. Das Studium war - mit Unterricht nebenbei und Verkürzung außerdem - doch recht stressig gewesen (wenn man den Ausdruck damals auch nicht verwendete), da war es verlockend, nun drei Jahre ungestört der Wissenschaft leben zu können. Zunächst gab es allerdings Hindernisse - die Universität konnte über die Einstellung nicht selbstständig entscheiden und das Staatssekretariat für Hochschulwesen lehnte mich erst einmal ab - ich sei keine Genossin. Da kam mir Herr Professor Müller zu Hilfe, jener Pädagoge, bei dem ich die unvorbereitete Didaktikprüfung abgelegt und bei dem ich später auch in seinem eigenen Fach gut abgeschnitten hatte: Ich schrieb eine Klausur zu dem Thema: "Beweisen Sie an Pädagogenpersönlichkeiten die Wahrheit des Sprichworts 'Wenn zwei dasselbe tun, so ist es nicht dasselbe!'"

Von über hundert Prüflingen hatten sich nur drei für diese Aufgabe aus der Geschichte der Pädagogik entschieden.

"Fritze" meinte hinterher: "Ich hatte gehofft, dies nimmt keiner - spart Korrekturen!" Aber wir drei kamen gut weg.

Professor Müller hatte insofern eine Aktie an meiner Promotion, als die Fachmethodiker damals zum Institut für Pädagogik gehörten, so dass auch ich ihm unterstellt werden sollte. Er schrieb einen Brief nach Berlin, es sei nicht in Ordnung, dass sie mich so unbesehen abweisen wollten, man solle mich mindestens zu einem Gespräch hinkommen lassen. Wieder hatte meine Mutter den entscheidenden Einfall für die Argumentation: "Wenn sie meinen, dass du unzuverlässig bist, kannst du ja mal eine Reihe von Genossen aufzählen, die in den letzten Jahren nach drüben gegangen sind - und du bist immer noch hier!" - Es hatte da ein paar eklatante Fälle gegeben. Der Gesprächspartner war bis zur Sprachlosigkeit verblüfft - und die Aspirantur wurde bestätigt.

Folgendes Phänomen habe ich nie verstehen können: es gab unter den Genossen in meiner Umgebung damals und später ein paar Karrieristen reinsten Wassers; zwei von ihnen waren mir von Anfang an so suspekt, dass ich sie nicht einmal mit fünf Mark Zigaretten kaufen geschickt hätte - und sie wurden in Funktionen gewählt, hatten die Möglichkeit, andere zu schikanieren und taten es - und irgendwann verschwand der eine gen Westen, das war vor 1961, als man noch mit der S-Bahn nach Westberlin fahren konnte, der andere wurde später bei einem Betrug ertappt - und alle Welt konnte sich nicht genug verwundern. Wie ist es nur möglich, dass Außenstehende sie mühelos richtig einschätzten, und die Leute, mit denen sie doch näher zusammenarbeiteten, da so blind waren? Dass ich so lange standhaft "draußen" blieb, lag zu einem guten Teil daran, dass ich mir sagte: "Mit dem und dem mich duzen - das fehlte mir noch!"

Vermutlich zeigt die Tatsache, dass ich mir über dies Problem Gedanken machte und mache, dass ich der *Sache* Sympathien entgegenbrachte, nicht wahr? Ich habe es eben nie für selbstverständlich angesehen, dass ein Genosse nichts taugt...

Die drei Jahre Aspirantur gehören zu den schönsten meines Lebens - endlich konnte ich mich wirklich ungestört einer wissenschaftlichen Arbeit widmen. Sie lag allerdings von meinen bisherigen Studien recht weit ab: Herr Professor Müller arbeitete an einem Werk zur Geschichte der Heimerziehung - und ich hatte für meine Staatsexamensarbeit mein spärliches Schulfranzösisch (drei Jahre - aber mit wievielen Ausfällen wegen nächtlichen Fliegeralarms!) energisch aufpolieren müssen. Nun war ich im Umkreis des Pädagogischen Instituts die Einzige, die Französisch einigermaßen fließend lesen konnte (sprechen kann ich auch heute noch nicht gut), und er bat mich, die Internatserziehungspläne im Umfeld der französischen Revolution von 1789 - 1793 zu erforschen. Es stellte sich bald heraus, daß das ein ausgewachsenes Dissertations-

thema ergab, und so blieben wir dabei. Es war etwas mühsam, denn die Literatur lag meistens in
französischen Bibliotheken und kam nur stockend
und nicht etwa in der gewünschten Reihenfolge in
Rostock an - aber es machte mir großen Spaß.

MEIN LEIPZIG LOB ICH MIR...

Einige wesentliche Werke für meine Dissertation allerdings waren doch in der DDR greifbar. So hatte die UB Leipzig die Protokolle des Jacobinerklubs und der Erziehungskommission des Konvents. Aber das war eine lange Reihe großer Bände, und die Bibliothek erklärte kategorisch, die sollte ich gefälligst dort benutzen, der Transport per Fernleihe sei zu umständlich. Um mir Ablichtungen zu bestellen, hätte ich ja erst einmal wissen müssen, welche Seiten überhaupt in Frage kamen. So kam es, daß ich mehrmals acht oder vierzehn Tage dort in der Universitätsbibliothek (an der Rückseite des Georgi-Dimitroff-Museums, des alten Reichsgerichts) arbeitete. Die war im Krieg arg beschädigt worden - es stand noch der Lesesaal im Souterrain, der widerlich kalt war, wenn man länger darin sitzen mußte, das Obergeschoss darüber fehlte, und das Hintergebäude mit dem Katalog machte auch einen halb verfallenen Eindruck. In der Deutschen Bücherei draußen am Messegelände arbeitete es sich viel besser - aber da stehen ja nur deutsche bzw. deutschsprachige Bücher. Die Mitarbeiter der UB waren immer sehr nett und erlaubten mir auch, in dem (unglaublich staubigen) Magazin zu sitzen und meine Jacobiner-Bände durchzusehen. Übrigens Dantons Reden im Klub waren stets kurz zusammengefasst - der sprach immer frei. Robespierre dagegen hatte offenbar alles abgelesen und seine

130

langen Manuskripte eingereicht - erinnerte mich immer unliebsam an Walter Ulbricht, der ja auch nie ein Ende finden konnte...

Meine Mutter kam mit. Wir wohnten in einer kleinen Pension in der Löhrstraße dicht beim Hauptbahnhof, in der Nähe des großen Konsum-Warenhauses, und bezahlten zusammen pro Nacht etwa 16 Mark - das konnte man sich schon leisten (besonders, da mir Fahrt, Übernachtung und ein Tagegeld auf Dienstreiseausweis gezahlt wurde). Während ich in der Bibliothek vor mich hin arbeitete, streifte meine Mutter durch Leipzig, versuchte ein paar Sachen zu erstehen, die es in Rostock nicht gegeben hatte, und besorgte vor allen Dingen Theaterkarten! Wir kannten die Damen an der Kasse schon, denn wann immer es möglich war, machten wir auf dem Rückweg von unserem FDGB-Urlaub in Leipzig Station und tankten ein bisschen Kultur auf.

Ein paar der Programme habe ich aufgehoben. In den ersten Jahren gingen wir ins Schauspiel. Der jugendliche Held war damals Harald Halgardt, der eine so liebenswürdige Ausstrahlung hatte, dass man verstand, warum Emilia Galotti trotz allem, was sie schließlich von ihm weiß, um ihre Tugend fürchtet. Die jugendlichen Heldinnen, damals Marianne Christina Schilling, später Christa Gottschalk, waren nach unserer Ansicht ziemlich farblose Blondinen, um derentwillen wir nicht ins Theater gegangen wären. In einem Programm von

1954 ("Volpone" von Ben Jonson/Stefan Zweig) lese ich eben - 1997, nach dem schlimmen Hochwasser an der Oder - unter den beiliegenden "Theaternachrichten": *In solidarischer Hilfe haben die Werkstätten der Städtischen Theater Leipzig den durch das Juli-Hochwasser verschlammten Kostümfundus des Stadttheaters Zwickau gereinigt. Es handelt sich um 4000 Kostüme, von denen der größte Teil bereits gereinigt nach Zwickau zurückgeschickt wurde.* Damals war das also Elbe und Mulde - aber ich hätte mich nicht mehr daran erinnert!

Die Volpone-Aufführung hat sich mir nicht eingeprägt, wohl aber 1955 "Frau Warrens Gewerbe" von Bernard Shaw. Lore Schubert spielte die Mrs. Warren, die den Aufstieg von der Prostituierten zur Inhaberin mehrerer "Etablissements" dem ehrenhaften, aber zu frühem Tode führenden Leben einer Fabrikarbeiterin vorgezogen hat. In der Szene, in der sie ihrer Tochter erklärt, wieso sie sich keineswegs schämt, sondern stolz ist auf das Erreichte, sehe und höre ich sie immer noch! Max Bernhard als Praed, der schöngeistige ihrer drei Paladine, war Professor Müller umwerfend ähnlich, nicht im Aussehen, aber in der Sprechweise und in den Bewegungen. Das hat uns jedesmal, wenn wir ihn sahen, wieder höchlich amüsiert, weil ja die Rollen stets weit von der "Persona" meines Doktorvaters entfernt waren!

Irgendeinmal aber gab es im Schauspiel nichts, was uns interessiert hätte, und so gingen wir in die

Oper - ausgerechnet den "Troubadour", mit Ferdinand Bürgmann, der vor Jahren in Rostock so gut gewesen - aber inzwischen natürlich nicht jünger geworden war. Mit einigem Bangen nahmen wir also Platz - wer lässt sich schon gern eine schöne Erinnerung zerstören. Die Gardrobiere hatte uns noch zugeflüstert: "Freuen Sie sich, heute singt unser Röschen!"

Es war wohl unvermeidlich, dass Frau Kammersängerin Rose von den gemütlichen Sachsen "unser Röschen" genannt wurde, wenn auch sicherlich nur hinter ihrem Rücken - aber der Name wurde ihr nun wirklich nicht gerecht! Was uns anging - wir waren alle beide völlig hingerissen von ihrer Leonore.

Von dem Abend an war die Frage "Oper oder Schauspiel" in Leipzig für uns entschieden. Frau Rose konnte singen *und* spielen, was ja leider bei Opernkräften längst nicht immer zusammen geht; sehr zu Recht war sie, wie wir bald feststellten, ein Liebling der Leipziger. Wir haben sie dann noch in vielen Rollen gesehen - als Gräfin in "Figaros Hochzeit", als Venus und als Elisabeth im "Tannhäuser", als Feldmarschallin im "Rosenkavalier", als Leonore in der "Macht des Schicksals", und im "Fidelio" - die meisten Aufführungen sogar mehrmals, zuerst noch in der Lindenoper, seit 1960 dann im neuen Großen Haus, und später in Berlin.

In unseren Reisetagebüchern haben Mama und ich lange Analysen dazu geschrieben. Bei diesen Gelegenheiten ist mir richtig deutlich geworden, wie wesentlich das Ensemblespiel ist, wie sehr auch ein guter Sänger von seiner Umgebung abhängt - wenn der Graf Almaviva wie ein Stock in der Landschaft steht, fragt man sich als Zuschauer unwillkürlich: "Meine Güte, um diesen Pinsel so ein Herzeleid?" und kann der Gräfin nicht mehr folgen. Leider kommen spielbegabte Sänger nicht so häufig vor, wie es wünschenswert wäre. Meine positivste Erinnerung in der Beziehung, außer Bürgmann, ist Mathieu Ahlersmeyer, den ich kurz nach dem Krieg noch in Berlin als Mandryka in "Arabella" gesehen und gehört habe, im "Admiralspalast" am Bahnhof Friedrichstraße, ehe die Staatsoper wieder aufgebaut war. Sicherlich werden ihn noch manche älteren Leser als Grafen aus der DEFA-Verfilmung der "Hochzeit des Figaro" kennen; schon kennzeichnend, dass er seine Rolle selbst sang und spielte, während fast alle anderen SchauspielerInnen "playbackten"... Völlig unvergessbar aber: Als Figaro (im Film) dem Cherubin vorsang: "Nun vergiss leises Flehn, süßes Kosen..." war das mit Schlachtszenen aus einem "Fridericus-Film" unterlegt, und darüber sah man das entsetzte Gesicht des Pagen, der für seine Streiche in den Krieg geschickt wird. So hatte ich mir das nie klargemacht!

Nach meiner Erfahrung sind eigentlich die mittleren Häuser, so wie das alte Rostocker und das Schweriner Theater, und in Leipzig eben die Lin-

134

denoper, besonders "sängerfreundlich": Eine schöne, nicht eine riesige, durchschlagende Stimme ist gefragt, Kammerspiel ist möglich. Gerade die Mozartopern kommen in einem solchen Hause besser zur Geltung als auf einer allzu großen Bühne.

Im neuen Opernhaus in Leipzig kam dann die Zeit von Frau Kuhse und dem Tenor Gruber, der später auch in Berlin sang, aber uns gefielen sie nicht so gut, zu statuarisch...

Bis Ende der siebziger Jahre habe ich, allein oder mit meiner Mutter, bei Frau Rost gewohnt, wenn ich in Leipzig war. Dann gab sie Alters wegen auf und zog weg. Wir waren mit ihr zuletzt schon so gut befreundet, dass sie uns einmal den Wohnungsschlüssel schickte, als wir kommen wollten, sie aber für das Wochenende verreist war... Es war alles sehr schlicht bei ihr - aber was nützt der schönste Komfort, wenn man ihn nicht bezahlen kann?

ZURÜCK ZU MEINER DOKTORARBEIT

Vor der Revolution hatte es in Frankreich bereits von geistlichen Orden betriebene Internate gegeben, die hauptsächlich von gut zahlenden Kindern der Oberschichten besucht wurden, aber auch immer etliche Freischüler als kirchlichen Nachwuchs ausbildeten - der spätere Polizeiminister Fouché hatte zur zweiten Kategorie gehört...

Nach 1789 ging es um die Erfassung der *Mehrheit* der Kinder. Einerseits war man sich darüber klar, dass die arme Landbevölkerung es sich gar nicht leisten konnte, ihre Kinder zur Schule zu schicken: Wenn sie schon auf ihre Arbeitskraft zeitweilig verzichteten - sie ernähren oder gar Schulgeld zahlen konnten die Eltern dann nicht. Andererseits wollte man die Kinder konterrevolutionär gesinnter Eltern gern auf längere Zeit von diesen trennen, um sie besser beeinflussen zu können. In beiden Fällen ging es um eine - möglichst kostenlose - Grundausbildung. Das blieb zwar Planung, jedoch es wurden technisch betonte zentrale, weiterführende Schulen mit weitem Einzugsbereich geschaffen. Leider wurden die meisten von ihnen unter Napoléon wieder abgeschafft. Ich habe einen schön bebilderten Bericht der Schüler von Evreux in Nordfrankreich ausgewertet, den sie selbst verfaßt, in der Schuldruckerei gesetzt und gedruckt hatten. Es ging um eine industrielle Bildungsreise im Sommer.

In der DDR herrschte damals an diesem Problem großes Interesse, weil man hier mit dem Projekt der Ganztagsschule sozusagen schwanger ging - ebenso wie die großen Pläne in Frankreich scheiterte es allerdings letztlich am Geld.

Altphilologen gelten als disponibel - in Großbritannien und in der BRD war ein Studium der Altertumswissenschaft schon seit langem ein Sprungbrett zu den verschiedensten Berufen - Franz Joseph Strauß und Volker Rühe waren sozusagen Fachkollegen von mir, ehe sie in die Politik gingen. Viele Altphilologen gingen auch erfolgreich ins Bankwesen. Es heißt, wir lernen methodisch zu arbeiten, und der Transferwert sei gut. Nützlich ist auf alle Fälle die breite fremdsprachliche Ausbildung. Außerdem ist antike Literatur halt in all ihren Zweigen eminent politisch.

Jedenfalls ist der Übergang von einem altertumswissenschaftlichen Studium zu einer "modernen" Richtung sehr viel leichter als umgekehrt. Ich hatte methodisch mit dieser unerwarteten Aufgabe aus der neueren Geschichte keine unüberwindlichen Schwierigkeiten und freute mich über die Erweiterung meines Gesichtskreises.

Meine Freiheit zur Forschung verteidigte ich in dieser Zeit ganz energisch. Der Mann einer guten Freundin, selbst Professor der Medizin in Halle, hatte mir eingeschärft: "Seien Sie so entgegenkommend und einsatzbereit, wie sie wollen - aber erst nach der Promotion. Wenn Sie es zeitlich nicht schaffen, wird kein Mensch sagen: 'Sie hat aber viel gesellschaftliche Arbeit geleistet!' - Dann zählt nur, dass Sie die Leistung nicht gebracht haben."

So bereitete ich gelegentlich eine gewerkschaftliche Kinderweihnachtsfeier für die Kollegenkinder vor, aber zur Übernahme einer größeren Funktion ließ ich mich nicht überreden. Das war für mich allerdings wesentlich einfacher durchzuhalten, als es für einen Genossen gewesen wäre: gerade tüchtige und gutwillige Nachwuchskräfte sind da oft regelrecht verschlissen worden.

Wenn sich nämlich nicht ein Vorgesetzter geradezu dazwischenwarf, konnte sich so ein "junges Talent" gegen einen Parteiauftrag kaum wirksam wehren; ein Anfänger übersieht auch noch gar nicht, wie viel Zeit zu einer Doktorarbeit gebraucht wird. Es gab immer hundert und eine Aufgabe - Ernteeinsätze, Funktionen in allen möglichen Massenorganisationen, administrative Aufgaben, Umfragen -: *"Das wäre wieder mal ein Auftrag für den Bruder Bonafides"*, um mit dem Patriarchen aus Lessings "Nathan" zu reden, und schwapps, wurde dem unglücklichen "Forschi" (Forschungsstudenten), Aspiranten oder Assistenten wieder eine Aufgabe übergehängt... Ich habe nur einen Chef gehabt, der da ganz bewußt gegensteuerte, Herrn Professor Elsner. Aber das gehört in eine spätere Zeit.

Viele Konsultationen gab es auch zur Dissertation nicht. Ich legte meinem Doktorvater die Konzep-

138

tion vor, er hatte keine Einwände und verabschie-
dete mich mit den Worten: "Liebes Kind, ich lese so
ungern unfertige Sachen - melden Sie sich wieder,
wenn der Entwurf vorliegt!" Danach bestand die
Betreuung darin, dass er mich bei jeder Begegnung
fragte, ob ich bald fertig sei - und gelegentlich kurz
vor Ende der Dienstzeit unter irgendeinem Vor-
wand anrief, um zu sehen, ob ich auch noch an der
Arbeit war. Ich hatte nämlich ein kleines Zimmer in
der Universität mit Schreibtisch und Schreibmaschine praktisch für mich allein, denn Herr Lehmann wohnte in Doberan und kam nur zu den
Lehrveranstaltungen in die Stadt. Dieses Zimmer
war jedoch nicht im Hauptgebäude, sondern zuerst im ehemaligen "Rostocker Hof" (der jetzt wieder Hotel ist), dann in der Humboldtstraße,
schließlich im sogenannten "Hexenhäuschen" hinter dem Universitätsgebäude - ich weiß gar nicht,
wie oft ich im Laufe der Zeit umgezogen bin. Die
Bibliothek unserer Abteilung wuchs gottlob so
langsam, dass sie mit ein paar Fuhren per Hand-
wagen zu befördern war.

Als Aspirant bekam ich damals übrigens ein kleines Büchergeld "West", dafür habe ich mir Wör-
terbücher, Grammatiken und Handbücher gekauft,
die teilweise noch heute gute Dienste tun. -

Ich wurde mit der Arbeit pünktlich fertig - der Entwurf war ohne große Veränderungswünsche gebil-
ligt worden, und während ich auf die Gutachten
wartete, schlug sozusagen die Bombe ein.

EINE POLITISCHE AFFÄRE

Herr Professor Müller bekam, milde gesprochen, einen fürchterlichen Ärger, wurde zeitweilig vom Amt suspendiert, und seine Doktoranden fragten beklommen: "Wie soll das weitergehen?"

Was ich hier erzähle, ist natürlich nur der Eindruck, den ich als Außenstehende und kleines Licht von der Sache hatte. Irgendwelche "documents of the case" waren mir damals nicht zugänglich, und von dem, was sich hinter den Kulissen abspielte, bekam ich relativ wenig mit - die Mehrheit der Angehörigen des Instituts für Pädagogik waren damals Parteimitglieder, dem Rest wurde offiziell nur wenig, und (hinter der vorgehaltenen Hand) natürlich nichts Abgesichertes mitgeteilt.

Eins aber steht fest: Herr Professor Müller, Mitglied der SED seit dem Vereinigungsparteitag 1946, war ein völlig loyaler Bürger der DDR; mehr noch, er war nicht wütend oder verbittert, wie ich es an seiner Stelle gewesen wäre, wenn man mir in solcher Form ein Bein gestellt hätte - er war tief bekümmert und gekränkt und härmte sich förmlich ab.

Das Misstrauen irgendwelcher hochgestellter Genossen hatte er wohl dadurch erregt, dass er einen Ruf nach Bremen an die Pädagogische Hochschule bekam. Das Absurde war, dass er ihn gar nicht annehmen wollte, er teilte es nur "oben" mit.

Allerdings hatte er zur Pädagogischen Hochschule in Bremen gute Beziehungen, einmal war er mit einer Gruppe Nachwuchswissenschaftler, zu der auch ich gehörte, dort, wir hospitierten an verschiedenen Schulen. Es war sehr interessant, aber völlig harmlos - niemand versuchte etwa, uns „abzuwerben".

Den Anlass für den großen Kladderadatsch aber bildete eine Versammlung, an der ich auch teilnahm. Eine Kollegin, deren Mutter schon seit der Flucht aus Hinterpommern, ebenso wie sie selbst, in (je) einem möblierten Zimmer mehr hauste als wohnte, hatte endlich die Einweisung für eine gemeinsame Wohnung erhalten. Aber am nächsten Tag, kurz vor dieser Versammlung, wurde ihr der Schlüssel wieder weggenommen, da sei ein Irrtum passiert, hieß es.

Verständlicherweise kochte sie vor Wut, als sie in die Sitzung kam, und ohne sich darum zu kümmern, wer anwesend war, platzte sie mit ihrem Erlebnis heraus und krönte ihren Zornesausbruch mit dem Ausruf: "Wenn ich nicht meine Dissertation hier hätte, wüsste ich, was ich täte!" oder etwas in dem Sinne - der berühmte Engel flog durch den Raum (In Russland sagt man in solcher Situation: "Jetzt wird ein Polizist geboren!"). Jedem musste klar sein, dass das nicht die Ankündigung einer Republikflucht war, und auch, dass gute Worte die Sache im Moment nur schlimmer gemacht hätten. Herr Professor Müller, der die Sitzung leitete, sagte also bloß: "Setzen Sie sich erstmal hin!" und ging zum nächsten Tagesordnungspunkt über.

Ich erzählte meiner Mutter abends von diesem Eklat und fragte sie: "Wenn ich das gewesen wäre - was würdest du mir raten?" - "Geh morgen sofort hin und sag, dass du sehr aufgeregt warst, die Drohung aber natürlich nicht ernst gemeint hast." Mir war gar nicht wohl bei der Sache, denn ich hatte die Gesichter einiger der anwesenden Genossen gesehen, die sich in die Lage dieser parteilosen Kollegin gar nicht versetzen konnten - und wollten. Ich gab also am nächsten Morgen den weltklugen Rat meiner Mutter weiter - aber Fräulein S. stellte sich auf den grammatisch durchaus begründeten Standpunkt, sie habe ja nicht gesagt, sie wolle nach 'drüben' gehen, sondern nur, wenn sie nicht hier promovierte, würde sie - und das sei schließlich Irrealis. Und die Angelegenheit sei ihr gegenüber schließlich eine schreiende Ungerechtigkeit. Entschuldigen? Nicht für die Welt!

Es blieb auch zunächst alles ruhig. Aber dann, am Gründonnerstag, wurde sie für den Tag nach Ostern zum Dekan bestellt, ohne Angaben von Gründen - das ist so eine Taktik, von Vorgesetzten in aller Welt, um einen richtig in Unruhe zu versetzen, schätze ich ...

Bis dahin habe ich's also selbst miterlebt. Danach weiß ich nur vom Hörensagen, dass Herrn Professor Müller vorgeworfen wurde, er habe eine staatsfeindliche Äußerung im Raume stehen lassen, sie weder sofort noch am folgenden Tage gerügt, weiter gemeldet, was weiß ich - und die Berufung nach

Bremen wurde mit hineingezogen. Das alles spielte sich aber in der Parteiversammlung ab, in der ich natürlich nicht war. So weiß ich auch nicht, wie die Stimmen verteilt waren, als er seine Rüge oder was es war, erhielt und dann zunächst vom Amt suspendiert wurde.

Die Kollegin bezog (staatlicherseits, da sie ja nicht Genossin war) einen Rüffel: Sie hätte den betreffenden Beamten im Wohnungsamt beschimpfen können, aber nicht "mit Republikflucht drohen dürfen", dabei blieb es für sie - der Dekan, Herr Professor Cumme, Physiker seines Zeichens, war zwar Genosse, aber ein sehr ausgeglichener Herr. Er schätzte die Lage sicher richtig ein - sie war eine tüchtige Kraft, die sich nie etwas hatte zuschulden kommen lassen, nur eben einmal „ausgeflippt" war. Mein Doktorvater aber wurde vor Aufregung krank, er bekam einen Herzanfall. An seiner Stelle wurde fürs erste ein Herr W. von einer Lehrerbildungsanstalt auf Rügen geholt, der seine Vorlesungen übernehmen musste - ein Unternehmen, das bei den Studenten ein ausgesprochener Misserfolg wurde, so dass der Unselige sich um eine schnelle Rückkehr bemühte. Er konnte offensichtlich gar nichts dafür - hatte die Stelle nicht etwa haben wollen, im Gegenteil -, und als er nun auch noch als kommissarischer Institutsdirektor eingesetzt wurde, hatte er gar nichts mehr zu lachen. Seine Genossen unterstützten ihn überhaupt nicht - fehlte bloß noch, daß sie „Denkste!" gesagt hätten, wenn er etwas anordnete. So etwas konnte jemandem also mit einem Parteiauftrag angetan werden. Als ich ihm einmal auf dem Flur begegnete, sagte er etwas schwermütig: "Kollegin H., *Sie* lächeln immer so freundlich!"

In dieser Zeit konnte ich das Wort "Partei" und "Genosse" nicht mehr hören. Mich verärgerte es vor allem, dass jetzt jeder Missstand am Institut für Pädagogik dem ehemaligen Direktor in die Schuhe geschoben wurde.

Professor Müller war freilich nicht der Mann, mit Brachialgewalt durchzugreifen, vermutlich hatte er seine Mitarbeiter auch etwas zu dicht an sich herangelassen sozusagen: Aber wer hätte sie denn gehindert, von sich aus zuverlässig zu arbeiten? Sie waren doch erwachsene Männer.

Eines Tages sagte ich das zu "Tedeltudel", meinem direkten Vorgesetzten, als dem einzigen, mit dem ich überhaupt etwas näheren Kontakt hatte. "Wo Sie das so sagen - eigentlich haben Sie recht", erwiderte er . "Ich werde das in der Parteigruppe zur Sprache bringen." Und tatsächlich - diese billige Ausrede ward nicht mehr gehört. Es sind ja im Grunde nie "alle", die so etwas aktiv betreiben. Es sind einer oder zwei, und im ungünstigen Falle widerspricht ihnen keiner.

Der "Hauptmacher" gegen seinen ehemaligen Förderer, oder sagen wir: einer der prominentesten, das stimmt auf jeden Fall, pumpte sich wenig später noch zwanzig Mark von einer Kollegin, die

144

wirklich kein Geld übrig hatte, und verschwand aus unserem Lande, wenn auch nicht aus unserem Gesichtskreis, denn er machte eine steile Hochschulkarriere, allerdings nicht in der BRD, sondern in Österreich. Niemand wird mir je einreden, dass der Genosse Sch. "den schrecklichen Druck in der DDR nicht länger ertragen konnte".

Ein gleichaltriger Kollege, der im Unterschied zu mir Arbeiterkind war, zurückhaltend, beinahe schüchtern, wurde in dieser Zeit aufgefordert, der Partei der Arbeiterklasse beizutreten und sagte: "In eine Partei, die Herrn Professor Müller *so* behandelt, kann ich nicht eintreten!"

Das hat mir damals an Herrn Güldner sehr imponiert.

AUCH NOCH ENGLISCH

Während ich meine Dissertation ins Reine schrieb und während sie dann bei Herrn Professor Müller "ruhte", denn er war in diesen Wochen gar nicht in der Lage, sich damit zu befassen, tat sich plötzlich eine neue Perspektive für mich auf. Herr Professor Wolff, der Englischmethodiker, war inzwischen siebzig Jahre alt und erklärte eines schönen Tages dem Rektor, mit Ablauf des laufenden Studienjahres gedenke er sich von der Universität zurückzuziehen. Daraufhin herrschte allgemeines Entsetzen.

Niemand hatte offenbar daran gedacht, dass man für den alten Herrn irgendwann einen Nachfolger brauchen würde. So wurde ich zu Herrn Dr. Hellfeld bestellt, der damals gerade amtierender Institutsdirektor war, und mit dem Antrag konfrontiert, vom nächsten Jahre an die Englischmethodik zu übernehmen. Ich sei doch Lateiner - und Englisch sei schließlich auch eine Sprache...

Damals konnte so etwas noch recht schnell gehen. Aber Gemeinsamkeiten hin und her - die Unterrichtsmethode für eine Sprache, die aktiv beherrscht werden soll, unterscheidet sich ganz gewaltig von der für eine "tote" Sprache, die nur gelesen wird, dafür aber wieder andere Schwierigkeiten bietet, weil z.B. die Inhalte den Schülern ziemlich fern liegen.

Ich konterte also mit: "Sie sind Mathematiker; Biologie ist auch eine Naturwissenschaft. Würden Sie den Unterricht ohne Vorbereitung übernehmen?" Das überzeugte wenigstens teilweise, und wir kamen überein, dass ich das Staatsexamen in Englisch als Externe ablegen sollte, wofür mir ein Jahr Vorbereitungszeit bewilligt wurde, während man einen Rostocker Studienrat (alten Stils) im Ruhestand dafür gewinnen würde, die Seminare und schulpraktischen Übungen zu übernehmen. Die Vorlesungen für alle Neusprachler würde derweil Herr Professor Hückel, der Russischmethodiker, halten.

Die mir gestellte Aufgabe war nicht einfach, aber zu bewältigen. Alle Nebenfächer (Pädagogik, Psychologie, Ge-Wi) hatte ich ja schon abgeschlossen, und im Unterschied zu meinen neuen Kommilitonen hatte ich schon seit Jahren englische Bücher, Prosa und Dichtung, im Original gelesen, konnte die Sprache verstehen und einigermaßen sprechen. In Grammatik aber hatte unser gestrenger "Mister Kabel" in der Schulzeit ein ausgezeichnetes Fundament gelegt. Für literarischen Nachschub hatte erst meine Tante Else persönlich gesorgt - und dann hatte ich ihre Bibliothek geerbt. Ich nutzte also die Semesterpause im Sommer, um die Pflichtliteratur in Angriff zu nehmen, konnte etliche Seminare, Vorlesungen und Übungen belegen und schon bald mit der Staatsexamensarbeit beginnen. Ich schrieb über "Literarische Verteidiger des englischen Public-School-Systems" - ein Thema, das ich mir selbst ausgesucht hatte, und handelte es an einigen berühmten und weniger berühmten englischen Romanen ab - auf Englisch. Das hielt Frau Professor Schumann, die den Krieg im Exil in Großbritannien verbracht hatte und nach etlichen Jahren in Berlin nun vor kurzem nach Rostock berufen worden war, für selbstverständlich, und ich diskutierte darüber auch nicht weiter. Später war das dann nur noch möglich, aber nicht erforderlich, wie die Benutzung des Lateinischen für eine Arbeit in klassischer Philologie. Es ist nicht so schwer, wie es aussieht - denn man bewegt sich bei einer solchen Arbeit doch im Wortschatz der gelesenen Autoren, das hilft sehr. Frau Professor Schumann ist die einzige Professor*in*, bei der ich in Rostock selbst Vorlesungen gehört habe, und ich mochte sie sehr. An diesem Institut lernte ich überdies eine Reihe von Genossen kennen, die weit weniger "dogmatisch", um nicht zu sagen engstirnig waren als viele, die ich bisher kennengelernt hatte. Es lag sicher zum guten Teil daran, dass außer Frau Professor Schumann auch Fräulein Nathan in England im Exil gewesen war, während "Bill" Vietinghoff lange Zeit in amerikanischer Gefangenschaft verbracht hatte - ihr Horizont war einfach weiter als der meiner Lehrerkollegen und vieler Pädagogen ganz allgemein, und das machte sich sehr erfreulich bemerkbar.

Das Anglistische Institut war damals noch im Aufbau - die ältesten Studenten, an deren Veranstaltungen ich teilnahm, waren erst im dritten Studienjahr. Lange Zeit nach dem Krieg hatte "oben" die Meinung vorgeherrscht, Russich genüge als Fremdsprache für die allermeisten Deutschen; alles andere stand jedenfalls very low on their list of priorities (wie der heutige Deutsche sagen würde). Den Um- und Aufschwung verdankten wir dem Minister für Außenhandel und ehemaligem Spanienkämpfer "Heiner" Rau (1899 - 1961), dem es gelang, dem ZK der SED klarzumachen, dass eine Wirtschaftsmacht DDR Leute brauchen würde, die mit prospektiven Handelspartnern in deren Sprache, mindestens aber in einer gängigen Weltsprache reden könnten!

Und so bildete das Anglistische Institut der Universität Rostock, das nach einer durchaus ruhmreichen Tradition aus früheren Jahren lange Zeit in zwei Räumen mit einem Hilfsassistenten dahingekümmert hatte, nun wieder Lehrer aus und wurde nach und nach recht gut besetzt.

Es herrschte dort in jener Zeit ein ganz anderes Leben als in der Altertumswissenschaft: Lehrkörper und Studenten bildeten fast eine große Familie, während "man" bei uns zwar durchaus wohlwollend, aber doch recht distanziert mit den Studenten verkehrte. Hier wurde gern und auch des Öfteren gemeinsam gefeiert und auch außerhalb der Seminare lebhaft diskutiert. Bei uns hatten die jährlichen Institutsfeste - mit kulturellem Programm und Quiz - einen etwas förmlicheren Charakter.

Ein Ereignis hat sich mir tief eingeprägt und war auch wohl kennzeichnend für eine neue Entwicklung: eine Studentin des ersten Studienjahres erwartete ein Kind. Das bedeutete damals nicht mehr automatisch den Studienabbruch, denn mittlerweile gab es schon eine Kinderkrippe, in der im Notfall auch ein Studentenkind unterkam, wenn die Plätze auch noch rarer waren als in späteren Jahren. Der Vater, auch ein Student, erklärte nach einigem Zaudern großzügig: "Naja, ich heirate dich!", - aber die junge Dame sagte: "Nein. Das bringt nichts. Wenn wir uns zum ersten Mal streiten, wirst du sagen: 'Ich hab dich ja bloß wegen des Kindes genommen' - das ist keine Basis für eine Ehe. Ich schaff das auch allein!", und ließ ihn stehen. Die Angelegenheit schlug hohe Wellen: So allgemein war die Gleichberechtigung der Frau - und des unehelichen Kindes - damals ja noch nicht anerkannt. Aber der Lehrkörper stand, Frau Professor Schumann an der Spitze, eisern zu der jungen Frau. Niemand versuchte, sie in eine Konvenienzehe „hineinzureden" (das ist eine versuchsweise Wiedergabe des plattdeutschen Ausdrucks: "Se hebben ehr tausamensnackt", wenn Eltern und Verwandte die Ehe halb gewaltsam zustande gebracht haben) - das fand ich gut.

Der junge Mann war verblüfft wie noch nie in seinem Leben und wurde richtig nachdenklich. Das Baby (ein wirklich besonders niedliches!) war später der "Stolz" des Instituts, es war ja immer noch eine übersehbare Studentenzahl und die Babys noch nicht so zahlreich wie einige Jahre später. Kurz und gut - der Vater begann sich nunmehr im Ernst um die junge Mutter zu bewerben, und kurz vor dem Staatsexamen war es soweit - die beiden heirateten: In der Aula, mit Collegium musicum, Shakespeare-Sonetten und einer Ansprache der Institutsdirektorin wurde die Sache richtig feierlich begangen - wenn ich mich recht besinne, hatten sie sogar den Standesbeamten hingelockt - aber darauf will ich nicht schwören. Ob so etwas vor oder selbst nach der 68er Bewegung in der BRD irgendwo möglich gewesen wäre?

Die einzige Prüfung, der ich mit einigem Bangen entgegensah, war Sprachgeschichte. Das war ein riesiges Stoffgebiet - und ich konnte nur eine Vorlesung hören, der Rest mußte nach dem Buch bewältigt werden. Außerdem hatte ich auch eine Methodikprüfung zu machen, für die ich mich durch die Übernahme von Vertretungsstunden an einer Rostocker EOS vorbereitete. Da besann ich mich auf meine frühere Lehrerin Fräulen K. (heute würde man natürlich "Frau" sagen), inzwischen Rentnerin, und bat sie, mir etwas zu helfen, die Stundenvorbereitungen durchzusehen und sich die Sprachwissenschaft erzählen zu lassen. Sie war damals schon krank, hatte eine erste Krebsoperation hinter sich - aber diese Aufgabe konnte sie übernehmen. Vernünftigerweise vereinbarte sie mit mir ein bescheidenes Honorar pro Stunde. Das ermöglichte es uns, die Sache nicht als eine Gefälligkeit, sondern als normales Geschäft zu sehen, so dass ich mich nicht dauernd verpflichtet fühlen musste. Diese gemeinsame Arbeit führte zu einer der schönsten Freundschaften, die mir im Leben zuteil geworden sind. Aber zunächst machte ich nach der mit zwei bestandenen Prüfung in Sprachwissenschaft meinen Dank- und Abschiedsbesuch und hörte: "Sehr schön. Mit einer Drei hatte ich gerechnet." In der Methodikprüfung gab es keine Schwierigkeiten.

PROMOTION

Während ich für das Englischexamen arbeitete, klärten sich die Angelegenheiten meines Doktorvaters so weit, dass die öffentliche Verteidigung meiner Arbeit ins Auge gefasst werden konnte - für Freitagnachmittag vor Pfingsten 1959, einen Termin, der natürlich außer der Prüfungskommission kaum einen Zuhörer anlocken konnte. Ach ja - das Verfahren ist ja inzwischen auch schon historisch und muss beschrieben werden.

Gerade in diesem Jahr war in der DDR eine Änderung der Promotionsordnung eingeführt worden, und ich war an der Philosophischen Fakultät überhaupt erst der zweite oder dritte Kandidat, an dem sie ausprobiert wurde. Man näherte sich dem sowjetische System an, aber es gab damals noch das "Rigorosum", eine mündliche Fachprüfung, in meinem Falle Geschichte der Pädagogik. Die neu eingeführte Prüfung in Gesellschaftswissenschaften (im engeren Sinne) konnte durch eine Hausarbeit ersetzt werden, was ich tat. Außerdem mußte man Kenntnisse in zwei Fremdsprachen nachweisen - das geschah bei mir direkt durch die Doktorarbeit, weil ich ja fast nur französische Quellen benutzt hatte, für die zweite genügte das bevorstehende Staatsexamen in Englisch.

Und dann gab es als neues Element die öffentliche Verteidigung. Dabei wurde der Kandidat in seinem Werdegang kurz vorgestellt und hielt selbst einen

Kurzvortrag zur Arbeit. Danach wurden die Gutachten verlesen, in denen Fragen formuliert waren, auf die er (bzw. sie) zu antworten hatte, und im letzten Teil konnten dann alle Teilnehmer weitere Fragen an den Prüfling richten. Der Vortrag sollte möglichst *nicht* eine Zusammenfassung der Ergebnisse bieten - diese mussten in Thesen formuliert werden, die mit den Einladungen versandt wurden, damit auch die Teilnehmer, die nicht die gesamte Arbeit lesen konnten oder wollten, informiert waren. Die Thesen waren ebenfalls Gegenstand der Diskussion. Im Vortrag dagegen sollte man ein Thema im Zusammenhang mit der Arbeit ansprechen: Fragen der Methode, ein besonderes, weiterführendes Problem oder etwas, was sich zwischen Abgabe und Prüfungstermin ergeben hatte. 24 Stunden vor der Verteidigung erhielt der Prüfling die Gutachten zur Einsicht und durfte versuchen, ein grundlegendes Problem daraus bereits im Vortrag "abzuräumen". Zu meiner Zeit waren es noch zwei Gutachter, von denen einer von außerhalb kommen sollte, später wurden drei verlangt, und man bemühte sich, mindestens einen Ausländer darunter zu haben. In den letzten Jahren der DDR entfiel das Rigorosum im Fach, nur die Ge-Wi-Prüfung (oder Hausarbeit) und der Sprachennachweis mussten noch erbracht werden, ehe man zur Verteidigung zugelassen wurde.

Entsprechende öffentliche Verteidigungen gab es nach 1968 auch beim Diplomexamen (was etwa der

Magisterprüfung bzw. dem 1. Staatsexamen entsprach) und bei der Prüfung zum Dr. sc. (Doctor
scientiarum), die der Habilitation - wissenschaftlich gesehen - gleichkam, aber anders als dieses
nicht die facultas docendi, die Berechtigung zum
Lehren an der Universität, vermittelte. Die mußte
man extra erwerben.

Ich war furchtbar aufgeregt vor der Verteidigung,
und meine Stimmung wurde nicht dadurch verbessert, dass meine Mutter ihr Recht wahrnahm,
an der Verteidigung teilzunehmen - die Sache war
schließlich öffentlich, da konnte jeder kommen, der
wollte. An und für sich habe ich nie etwas gegen
Zuhörer gehabt - aber diese Veranstaltung war mir
doch etwas unheimlich. Den zweiten Gutachter,
einen Greifswalder Professor, habe ich nie persönlich kennengelernt. Meinen Vorschlag, zu einer
Vorstellung hinüberzufahren, lehnte er ab - er bilde
sich sein Urteil lieber nach der Arbeit allein -, und
zur Verteidigung schickte er nur das Gutachten,
kam aber nicht selbst. Ich hatte Gelegenheit, *eine*
Verteidigung nach neuer Art vor der meinen an-
zuhören, und die war nicht gerade ermunternd.
Der Doktorand wurde von allen Seiten mächtig
"heruntergeputzt" und kam gerade noch mit „rite"
durch. "Oh, hätte doch der Kandidat ein kleines
Büchlein über Statistik gelesen!" war ein Kernsatz
des Jenaer Außengutachters, der sich mir unaus-
löschlich einprägte und den ich beherzigte, als ich

mich zur Habilitation auf ähnlich glattes Eis wagte... ("rite" heißt wörtlich "rechtmäßig", bedeutet aber eher "recht mäßig" - genügend).

Das Rigorosum ging so lala - es war eine der schwächsten Prüfungen, die ich im Laufe der ganzen Studienzeit abgelegt habe.

Als ich dann an dem entscheidenden Freitag in den kleinen Saal im Palais, auf der Südseite des Universitätsplatzes, kam, war es noch ziemlich leer, und Herr Professor Dessau, der erst kürzlich von Berlin herbeigerufene Lateinamerika-Wissenschaftler, sagte beruhigend: "Seien Sie froh - wer nicht da ist, kann auch keine Fragen stellen!" - womit er zweifellos recht hatte! Aber es beruhigte mich doch, als ich Herrn Professor von Lücken und Herrn Professor Jensen sah, meine mir stets wohlgesonnenen Hochschullehrer, die es sich auch an einem so ausgefallenen Tag nicht verdrießen ließen, zu kommen. Ich wurde an das Kopfende des langen Tisches platziert, und während der Dekan mich vorstellte, sah ich schräg neben mir meinen Doktorvater, dem buchstäblich der Bleistift in der Hand zitterte - es war sein erster öffentlicher Auftritt nach dem großen Skandal... Herr Professor Jensen, der meine Mutter noch aus der Zeit kannte, als er unser Kunde gewesen war, hatte sich zu ihr in die zweite Reihe gesetzt, und ihnen gegenüber saß der Parteisekretär der Philosophischen Fakultät und schrieb emsig mit. Er war ein junger und recht freundlicher Mann, aber immerhin ein Unsicher-

156

heitsfaktor, denn er war nicht "vom Fach" - und Laienfragen können einen manchmal arg in Verlegenheit bringen... Aber es ging dann alles ganz ordentlich, - zum Stolpern brachte mich nur Professor Müller selbst, der eine Parallele zwischen Léonard Bourdon, einem der Internatsleute aus der französischen Revolution, und Makarenko gezogen haben wollte, aber ich kam nicht darauf, bis mir der Dekan einen Schubs in die richtige Richtung gab... Insgesamt zog ich mich magna cum laude (das war die zweitbeste Note, "mit großem Lob") aus der Affaire. Aber das Wichtigste für mich: Die Kommission entschloss sich, mir nicht den Dr. paed. (Doktor der Pädagogik) sondern "in Anbetracht der erbrachten philologischen und historischen Leistungen" den Dr. phil. (Doktor der Philosophie) zu verleihen. Da zahlte sich die Auswertung der vielen französischen Texte aus der Revolutionszeit aus. Ich war recht froh, muss ich sagen.

Ich hoffte nämlich im Grunde meines Herzens, später einmal ins Fach zurück zu können, also in die Philologie - und das musste mit einem Dr. phil. etwas einfacher werden: Der Dr. paed. war erst eine neue Errungenschaft und wurde vielfach nicht so recht für voll genommen...

Nach den großen Ferien hatten sich dann die Wogen für Herrn Professor Müller vollends geglättet, er übernahm sein Institut wieder, und man hätte denken können, es wäre alles wie vorher. Irgendwann muss sich also auch wohl "oben" die Erkenntnis Bahn gebrochen haben, dass irgendjemand übereifrig gewesen war (um die günstigere Variante anzunehmen).

Aber es ist eben nie wie vorher. "Vorher" waren Herr Professor M. und seine Frau z.B. im Theater, in der Abonnementsvorstellung, immer dicht umlagert - Mama und ich grüßten höflich von weitem, wenn es sich ergab. Aber dann war es plötzlich ganz anders. Ihm selbst war nicht nach Theater zumute - und seine Frau hätte wohl ganz allein ihre Kreise gezogen, wenn wir uns nicht mit ihr unterhalten hätten... Und so etwas vergisst sich nicht, denke ich.

Wenn jemand "schief lag", wie das so schön hieß, ganz gleich, ob ihm etwas Konkretes vorgeworfen, geschweige denn nachgewiesen war, bildete sich ein "luftleerer Raum" um ihn oder sie. Das ist mir nicht nur einmal aufgefallen - aber es ist natürlich ein schäbiges Verhalten, das nicht auf DDR-Verhältnisse beschränkt ist: Es ist wohl einfach ein Ausdruck der Haltung, die Stefan Hermlin in "Abendlicht" mit den Worten kennzeichnet: *"Unbezähmbar ist der Drang, bei den Stärkeren zu sein"*. Dabei muss ich sagen, daß ich nie irgendwelchen Ärger bekommen habe, weil ich dabei nicht mitmachte.

REISE NACH ENGLAND

Ich wurde zum 1. September 1959 als Oberassistentin angestellt - vorher aber erreichte ich es, dass ich eine dreiwöchige Reise nach England unternehmen durfte. Das machte ich sozusagen zur Bedingung dafür, dass ich die Englischmethodik so kurzfristig übernahm - etwas Auslandspraxis war dafür wirklich erforderlich. In Latein brauchte ich noch nicht voll einzusteigen, da hatte Herr Lehmann noch ein paar Jahre bis zur Rente. Darüber war ich sehr froh, denn ich wollte mich ja möglichst bald habilitieren.

Die Reise wurde für den Staat billig: meine Brieffreundin aus Schultagen, die ich noch nie gesehen hatte und die inzwischen nicht mehr in London selbst, sondern mit Mann und einem Adoptivsöhnchen in Banstead/Surrey, eine knappe Stunde südlich, wohnte, hatte mich schon mehrmals eingeladen - jetzt also wurde das Wirklichkeit. Ich bekam staatlicherseits die Möglichkeit, den Flug in DDR-Mark zu bezahlen - da keine DDR-Linie nach England flog, brauchte man eigentlich dazu Devisen. Meine Kusine in Cuxhaven überwies etwa 100 Mark an Thelmas Adresse, und meine Mutter holte mit dem Hinweis, es würde doch keinen guten Eindruck machen, wenn ich auf dem Flugplatz mit dem Hut sammeln gehen müsste, um das Geld für die Fahrt nach Banstead zusammenzubringen, noch ein paar Pfund aus - ich weiß nicht mehr, was für eine Dienststelle das gewesen sein kann - heraus. „Hartgeld" war bei uns in der DDR immer knapp!

Das wurde also mein erster Flug, mit einer polnischen Maschine. Nur daran erinnere ich mich, dass das Wetter strahlend schön war und dass mir beim Anflug auf London - damals war der Flughafen noch nicht Heathrow, sondern Croydon - die unendlich langen Straßen mit Einfamilienhäusern und gelben Privethecken auffielen. Privet ist so etwas Ähnliches wie Liguster, nur die Blätter sind eben gelb, nicht grün.

Thelma holte mich mit dem kleinen John ab, ich hätte also nicht zu sammeln brauchen. Sie hatten schon eine Postkarte mit Foto von Banstead, komplett mit Briefmarke, bei sich, damit ich meine Mutter gleich über die glückliche Ankunft benachrichtigen konnte - sie (die Karte!) ist im Bildteil des Buches zu sehen.

Ich kam also am 28. Juli 1959 dort an. Harold und Thelma sprachen wirklich so gut wie gar kein Deutsch, so dass der Besuch vom Übungsstandpunkt aus ein voller Erfolg war - und der Fernseher lief praktisch den ganzen Tag, so dass ich mich auch im Hören und Verstehen unterschiedlicher Sprecher üben konnte. Wir hatten zu Hause noch kein "Latschenkino" angeschafft. Seit 1956 wurde zwar ein reguläres Programm ausgestrahlt, wie ich dem Lexikon entnehme - aber ob es in Rostock schon zu empfangen war, weiß ich nicht mehr, und

160

Liselot Huchthausen und ihre Mutter - beide Aufnahmen entstanden im Jahre 1946

Liselot und ihre Mutter im Jahre 1950

Bild oben:
Mit Schülerinnen der Steintorschule, 1. Mai 1952
(man beachte die rote Nelke!)

Bild unten:
Gemeinsamer FDGB-Urlaub mit der Mutter in
Friedrichroda (Thüringen). Man schreibt das Jahr 1954.

*Ferdinand
Bürgmann als Erik
im „Fliegenden
Holländer" (1947)*

*In der Mitte Ferdinand
Bürgmann als Fra Diavolo
(oben: R. Henkel,
unten: H. Weber)*

Sieglinde Feise
privat

Sieglinde Feise
als Pamina in der
„Zauberflöte",
Papageno: Kurt
Legner (1952)

*Irmgard Michael
im Jahre 1949*

*Elisabeth Rose
als Marschallin
im
„Rosenkavalier"*

Herr Prof. Jensen, etwa 1956

Ausflug der Philologen im Jahre 1953; links hinten: Wolfgang Hering als junger Assistent; vorn: Herr Dr. Foerster, der Griechischlektor

Nach dem Staatsexamen

*Herr Professor
von Lücken
im Jahre
1956*

*Herr
Professor
Wollenberg
im Jahre 1956
mit seinem
Enkel*

*Herr Professor
Müller - 1953 (oben,
vorn links)
und
Herr Professor
Hartke
(unten, links)
im Jahre 1954*

INTERPRETATIONEN

ZUR ANTIKEN GESCHICHTE UND LITERATUR
AUS DEBRECEN – ROSTOCK – TORUN

WISSENSCHAFTLICHE ZEITSCHRIFT
DER UNIVERSITÄT ROSTOCK

Ein Band der „Wissenschaftlichen Zeitschrift der
Universität Rostock" aus dem Jahre 1974.
Herausgeberin: L. Huchthausen

*Die Karte
aus Banstead*

PHŒNIX THEATRE

CHARING CROSS ROAD, W.C.2

Licensed by the Lord Chamberlain to PRINCE LITTLER
General Manager ... ... FREDERICK CARTER

MURRAY MACDONALD & JOHN STEVENS LIMITED

in association with L.O.P. Ltd.

present

PATRICK BARR　　　　**DAVID HUTCHESON**

MARGALO GILLMORE

FAITH BROOK　　　　**DONALD STEWART**

in

ROAR LIKE A DOVE

LESLEY STORM'S NEW COMEDY

Directed by MURRAY MACDONALD

First Performance: Thursday, 26th September, 1957

Evenings: Monday to Friday at 7.30
Matinees: Wednesday at 2.30
Saturday at 5.0 and 8.0

*Programm des
Phoenix-Theatres
(links)*

Thelma mit John und dem Hund Bruce (1959)

Harold mit John und Janet (etwa 1962) - (unten)

„Aufbausonntag", 1959 (oben);
Frau Dr. Ibendorff, Lektorin für
Latein und Griechisch (etwa 1960),
(Mitte);
An der „Erika": So wurden die wis-
senschaftlichen Arbeiten für
Zeitschriften getippt (unten)

Herr
Professor Hering
etwa im Jahre 1963
(links)

und

Herr
Professor Irmscher
(ganz links/unteres Bild
- etwa 1980)

Vor der Habilitation,
im Jahre 1964

Etwa 1975

auch nicht, ob es sehr schwierig war, einen Fernseher zu kaufen. Die Erfahrungen in England ließen mir die Sache nicht unwiderstehlich attraktiv erscheinen. Es gab jede Menge Reklamespots, meistens mit eingängiger Melodie, die die ganze Familie schallend mitsang... Die Fortsetzungskomödien waren damals schon zu einem guten Teil Importe aus den USA mit dem unvermeidlichen *canned laughter* ("Gelächter aus der Konserve"). Ich fand besonders eine Serie aus dem Soldatenleben unvergleichlich dümmlich und fragte vorsichtig, warum sie die denn immer anhörten. "Ach weißt du", sagte Thelma philosophisch, "zuerst fanden wir sie auch schrecklich - aber man gewöhnt sich daran."

Mich störte es, daß es im Unterschied zum Radio im TV praktisch keine Musik gab, mindestens keine klassische - und als einmal ein großes Orchester Richard Strauß' "Zarathustra" spielte, brach schon nach den ersten 20 Takten der Dirigent mit dem Podium zusammen und es war wieder eine comedy...

Banstead war ein kleines Dorf, wo man sich nicht verlaufen konnte, und die erste Woche beschränkte ich mich auf diesen engsten Kreis. Ich hatte von der Umstellung auf die fremde Sprache zuerst den ganzen Tag Kopfweh, so anstrengend war es.

Dann aber nahmen wir den "kulturellen Teil" in Angriff.

Damals lebte Thelmas Vater noch und konnte abends ein Auge auf John haben. So fuhren wir ein paarmal zu dritt nach London ins Theater oder ins Kino. Im Kino war ein amerikanischer Film damals der letzte Schrei, 3-D: dreidimensional in Farbe; man bekam am Eingang eine Stereo-Brille mit verschiedenfarbigen Gläsern geliehen. Im Kino durfte geraucht werden, und junge Mädchen mit Süßigkeiten im Angebot gingen dauernd durch die Reihen - beides hatte ich noch nicht erlebt. Der Titel des Films war "Die Sieben Wunder der Welt", aber damit waren nicht ausschließlich die klassischen antiken Weltwunder gemeint - sie wären nicht mehr alle auffindbar gewesen. Es waren schöne Bilder, aber China und die SU kamen in der "Welt" gar nicht vor, und bei Japan wurde Hiroshima mit keinem Wort erwähnt, was mich doch befremdete.- Nur von einem der Theaterstücke habe ich noch eine dunkle Erinnerung - es ging um eine Gutsbesitzerfamilie, in der es schon neun Töchter gab, aber keinen männlichen Erben. Das drohte zur Katastrophe zu werden, denn das Gut wäre unter diesen Umständen an die Nebenlinie gefallen, die Mädchen leer ausgegangen. In der letzten Szene wurde dann aber der Erbe im Steckkissen auf die Bühne getragen. Das Stück hatte den rätselhaften Titel "Roar like a Dove" (Brüllen wie eine Taube) - und leider steht im Programmheft kein Wort über den Inhalt. Im Theater konnte ich viel schlechter folgen als beim Fernsehen - wenn man die Gesichter und die Mundbewegungen in Großaufnahme vor sich hat, versteht man das Gesprochene besser als in der Totale. Am Ende der Vorstellung wurde die Nationalhymne gespielt, auf einem uralten kratzigen Grammophon - aber Tradition ist Tradition!

In die Museen begleitete mich Harold, der während meines Besuchs seinen Urlaub genommen hatte. Wie viele Londoner Pendler wusste er aus zahlreichen dort verbrachten Mittagspausen überall gut Bescheid: Erst heute (1997) beginnt man über Eintrittsgeld für die Londoner Museen zu diskutieren, bis jetzt war der Besuch frei. Das größte Erlebnis war für mich nicht das Britische Museum, sondern die Tate-Gallery mit den Bildern von Turner, der ein Zeitgenosse Goethes war, aber unglaublich "modern" wirkt. Seit der Zeit habe ich angefangen, Bücher über ihn zu sammeln, vorher hatte ich noch gar nichts von ihm gehört. Turner verstand es, die avantgardistischen Bilder, die er selbst malen wollte, mit solchen zu finanzieren, die seinen Zeitgenossen gefielen, ohne im zweiten Falle in Kitsch abzugleiten. Er muss skizziert haben, wo er ging und stand. Ein Zeitgenosse berichtet, dass der Maler bei einer Alpenüberquerung, die damals nicht ungefährlich war, sozusagen mit dem Skizzenblock aus dem Fenster der Kutsche über dem Abgrund hing, um nichts zu verpassen...

Eine Fahrt auf der Themse mit der Barkasse machte ich dann schon allein - aber der Führer sprach ein richtiges Cockney-Englisch, vom "Radio-Englisch" so weit entfernt wie der Zwickauer Dialekt vom Hochdeutschen - es blieb beim Sehen, von den Erläuterungen verstand ich so gut wie nichts. Ich war später noch einmal in England und stellte fest, dass die Leute im Norden *viel* deutlicher sprechen als die Londoner. -

Auch nach Highgate, zum Grab von Karl Marx, das ich als braver DDR-Bürger doch nicht auslassen konnte, fragte ich mich allein durch - und traf dort prompt einen Rostocker Kollegen...

Englische, oder vielmehr Londoner Friedhöfe haben etwas Trostloses. Bei der Riesenstadt und der Mobilität ihrer Einwohner muss man offenbar damit rechnen, dass man die Grabstätten seiner Lieben bestenfalls einmal im Jahr aufsuchen kann. Deshalb sähen Blumenbeete immer ungepflegt aus. Der Ersatz dafür sind Kiesel oder etwas, was aussah wie Krümel von Sektflaschen, eine Art grünes Glas - dazwischen kommt dann garantiert kein Unkraut hoch! Und wer irgend kann, stellt offenbar einen riesigen Stein auf. Von solchen Trumms schrieb der Dichter Detlev von Liliencron (gestorben 1909) sinngemäß, sie schienen zu sagen: "Untersteh dich nicht, wieder 'raufzukommen!" Thelma und Harold waren sich allerdings einig, sie würden sich in einem namenlosen Grab bestatten lassen, nur mit einem Rosenbusch darauf. In England war das damals bereits möglich.

Apropos Mobilität - meine Freunde zogen auch häufig um. Harold stellte eine Weile nach meinem Besuch fest, dass ihn *the rat-race* ("das Rattenrennen") bei der Shell AG, wo er Ingenieur war, auf die Dauer zerrieb; so zogen sie in das Seebad Eastbourne und eröffneten einen Andenkenladen. Über mehrere weitere Stationen sind sie nun in der Nähe von Birmingham gelandet - schon die Garage ist ein Schmuckstück! Das jeweilige Haus war immer komfortabler als das vorige und die Hypothekenlast geringer als zuvor. Denn Harold ist ein begnadeter Heimwerker, der ihre Einfamilienhäuser stets so verschönte, mit Wandtäfelung und allem Pipapo, dass sie sie vorteilhaft verkaufen konnten. Mir hat das sehr gefallen, denn während ein Deutscher, der in sein Haus Arbeit investiert, dann fast immer unbedingt bis ans Lebensende darin wohnen will, nutzten sie diese Arbeit vernünftigerweise wirklich als rentable Investition. Ich find's nicht so gut, wenn man sich zu sehr an ein Haus bindet. Dass die beiden im neuen Ort stets bald Anschluß fanden, lag wohl auch daran, dass sie der Methodistenkirche als recht aktive Mitglieder angehörten und so immer schnell in alle Vorhaben der neuen Gemeinde integriert wurden.

John war ein drolliger kleiner Bursche, sah aus wie eine winzige Ausgabe von Winston Churchill - natürlich ohne Zigarre. Inzwischen ist er aber groß und schlank geworden.

Tagsüber war er mit Mutter ganz glücklich - aber wenn Vater abends heimkam, so hörte er ihn schon von weitem - und dann war Daddy offensichtlich der Allerbeste! Sie gingen beide mit dem Jungen in einer wohltuend gelassenen Weise um - nichts von dem ständigen Nörgeln und Ermahnen, mit dem viele Eltern (Mütter) ihren Nachwuchs nerven. John war auch ganz gut in der Lage, sich eine Weile allein zu beschäftigen, und Thelma sagte höchstens: "John ist so merkwürdig still nebenan - sieh mal, was er macht, und sag, er soll's lassen!" Und als er wirklich einmal bockte, meinte Harold nur: "Nun wird er genau drei Minuten weinen und schreien, und dann ist es wieder gut," - und so war's denn auch. Die beiden waren wirklich die geborenen Eltern - es wäre ein Jammer gewesen, wenn das Talent nicht zur Entfaltung gekommen wäre, weil sie zufällig keine eigenen Kinder haben konnten! Später kam noch eine Tochter dazu - jetzt haben sie schon drei Enkel.

Zum Abschluss meines Besuches machte ich noch eine Busfahrt nach Cambridge - das gute Wetter hielt die ganze Zeit an, und so wirkte die Stadt mit den vielen weißen Häusern richtig südländisch. Es waren Semesterferien, so lagen die Colleges fast verlassen da - aber es war trotzdem sehr eindrucksvoll.

Weil ich dafür ein großes Interesse zu Hause voraussetzte, sammelte ich die drei Wochen über emsig Lebenshaltungsdaten - Preise für Waren, Mieten, Strom und Gehälter - heute bedaure ich, daß ich nicht gleichzeitig die entsprechenden DDR-Zahlen aufgeschrieben habe, an die ich mich nun nicht mehr erinnere. Jedenfalls: das Pfund Sterling stand damals noch bei 12 DM. Der gleiche Betrag wurde auch als Wechselkurs für Mark der DDR ausgewiesen - bloß man konnte ja nicht umwechseln...

Eines der ständig wiederkehrenden Diskussionsthemen war "Freiheit" - damit kamen wir nicht auf einen Nenner. Ich versuchte unter anderem damit zu argumentieren, dass ihre Freiheit, den Sohn auf eine vornehme Public School zu schicken, völlig formal sei, weil sie das Geld gar nicht aufbringen könnten - aber sie erwiderten : "Aber wenn wir's hätten, dann könnten wir - bei euch gibt's das gar nicht!" -

Für die Engländer höchst verblüffend war der Gedanke, daß wir in der DDR erst dabei sein wollten, den Sozialismus aufzubauen - für sie war alles "hinter dem Eisernen Vorhang" Kommunismus. Ich machte die Erfahrung, dass ich im Ausland, bzw. im Gespräch mit Ausländern, zu einer so begeisterten Verteidigerin der DDR wurde, wie ich es mir nie zugetraut hätte. Dasselbe habe ich aber später öfter auch bei anderen beobachtet: die Engländer stehen doch vielleicht nicht so allein mit der Anschauung: "Right or wrong - my country!", wie wir manchmal meinen...

Es war ein schöner und nützlicher Aufenthalt, an den ich noch immer gern zurückdenke.

Als ich zu Hause ankam, holte mich eine Nachbarin auf dem Bahnhof ab und teilte mir mit, dass meine Mutter schon seit fast einer Woche in der

Klinik lag - mit einer "ruhrähnlichen Erkrankung".
Sie hatte aber nichts davon nach England geschrieben oder gar telegrafiert, weil sie sich sagte, dass der Rückflug fest gebucht war, so dass ich kaum etwas hätte unternehmen können.

So etwas passierte immer wieder, wenn ich einmal für längere Zeit weg war, dann brach offenbar das Immunsystem bei meiner Mutter vor Aufregung zusammen. Sie hatte Angst, einmal hilflos in der Wohnung zu liegen und nicht rechtzeitig gefunden zu werden, seit einmal einer unserer Bekannten auf diese Weise gestorben war. Diese Angst wurde dadurch verschlimmert, dass wir trotz vieler Bemühungen lange Zeit kein Telefon bekommen konnten. Als das endlich klappte, weil irgendwann die Universität daran interessiert war, *mich* anrufen zu können, und den Antrag infolgedessen mit größerem Nachdruck unterstützte, wurde es sofort besser: ich rief dann abends zu Hause an, wenn ich dienstlich unterwegs war, und dann war sie beruhigt. Auch diesmal wurde sie bald gesund, als ich wieder im Lande war.

BEGINN DER UNIVERSITÄTSLAUFBAHN

Nach den Ferien wurde ich mit 800,00 Mark brutto in den Hochschuldienst übernommen und musste gleichzeitig anfangen, mir ein Habilitationsthema zu überlegen. Diesmal sollte es aber wirklich etwas Methodisches werden! Ein Dissertationsthema wird - wurde einem meistens gestellt, bei einem Habilitationsthema sollte sich schon an der Auswahl die Eignung zum Wissenschaftler erweisen. Später, als wir uns an "Großraumwissenschaft" versuchten, war das kaum noch möglich, aber damals galt es noch.

Sicher wird es manchen überraschen, aber ich muss ehrlichkeitshalber sagen, dass mein termingerechter Lauf durch alle Prüfungen weiterhin entschieden dadurch befördert wurde, dass ich *nicht* in der SED war. Die meisten Menschen machen sich nämlich nicht klar, wie zeitaufwendig die Parteizugehörigkeit war. Vieles davon war im letzten Grunde "Indianerspiel für Erwachsene" (wenn ich das damals auch noch nicht wusste) - es gab den Beteiligten die Illusion von Bedeutung, Teilhabe an der Macht, bot ein gewisses politisches Training, aber der Aufwand an Zeit (man musste ja auch noch die Wege rechnen!) stand in keinem vernünftigen Verhältnis zum Ergebnis. Funktionen, an denen wesentliche Entscheidungsbefugnisse hingen, waren rar, auch was an einem Institut oder einer Fakultät entschieden wurde, hat sub specie aeternitatis doch einen bescheidenen Rang.

Insgesamt kam man auch damals nicht zu internationalem Ruhm, weil man Rektor, Institutsdirektor oder Parteisekretär war, sondern wegen der Artikel und Bücher, die man schrieb...

Die wirkliche Gefahr lag an der Universität (im Territorium war das etwas ganz anderes!) nicht darin, dass hier und da ein unbegabter Genosse seine Funktion als Alibi benutzte und zu beweisen suchte, dass er - völlig unersetzlich und überlastet - sich leider nicht genügend seiner geliebten wissenschaftlichen Arbeit widmen könne. (Die Spezies ist aber nicht auf die sozialistische DDR beschränkt - jeder Campus-Roman führt sie vor.) Eine wirkliche Gefahr, auch für die Wissenschaft, lag vielmehr darin, dass ein tüchtiger Genosse oder eine Genossin in eine Verwaltungsstellung beordert wurde, in Papierkram und der sogenannten operativen Tätigkeit, das heißt in Verhandlungen, Reden, Reisen, so aufging, dass er/sie zu nichts anderem kam - und wegen der guten Qualität der geleisteten Arbeit noch zwei drei Jahre weitermachen mußte! Von einem unserer Rektoren wird berichtet, dass er recht betreten war, als ihn auf einem größeren Kongress niemand erkannte, obwohl er ein Namensschildchen am Rockaufschlag trug: Er war schon eine ganze Weile im Amt und hatte seitdem nichts Wissenschaftliches mehr publiziert! -

Endlich ins eigene Institut zurückgekehrt, stellte der/die Betreffende dann fest, dass es unendlich schwer war, das Versäumte aufzuholen und den wissenschaftlichen Arbeitsrhythmus wiederzufinden ...

Nur einmal habe ich erlebt, dass ein Genosse sich konsequent passiv widersetzte, bis man ihn schließlich zähneknirschend entpflichtete. Denn er war (nicht zu Unrecht) der Überzeugung, er leiste auch für den Staat weit Nützlicheres, wenn er ein weiteres grundlegendes Werk über Kolonialafrika schreibe, als wenn er sich in die Gewerkschaftsarbeit vertiefe - aber der *war* da auch schon Professor.

Ein Parteiloser war viel eher in der Lage, sich da herauszuhalten, kam zu seinem/ihrem Glück für etliche aufwendige Posten auch "aus ideologischen Gründen nicht in Frage" - und publizierte fröhlich vor sich hin.

Freilich, es gibt auch Allround-Talente, Leute mit einer eisernen Gesundheit und großer Vitalität, die neben Forschung und Lehre immer noch Zeit für ein Amt finden und auch das geschickt und effektiv meistern. Allerdings - fast alle, an die ich mich da erinnere, waren schon Professoren, als ich sie kennenlernte, und hatten dadurch die Möglichkeit, Arbeit zu delegieren, vor allem Schreibarbeiten (die das "wissenschaftliche Fußvolk" im allgemeinen auf einer "Erika", wenn es gut ging, oft aber auf einer uralten, längst amortisierten Schreibmaschine aus Vorkriegszeiten selbst tippte), aber auch Zuarbeiten aller Art.

Allerdings habe ich inzwischen festgestellt, dass Bürokratie und Papierverschwendung seit 1989 allgemein noch zugenommen haben, und ich fürchte, das ist an der Universität auch nicht anders. Zwei Fachkollegen, die - einer in Bayern, der andere in Großbritannien - 1992 Dekan wurden, waren am Ende ihrer Amtsperiode im Jahre 1994 völlig entkräftet; und ich habe in München einen "Geschäftsführenden Assistenten" kennengelernt, der ebenfalls nicht zu seiner wissenschaftlichen Arbeit kam! Ich also stürzte mich, von gesellschaftlichen Aufgaben relativ unbelastet, in die Wissenschaft und in die Lehre. Zunächst einmal natürlich in die Lehre: Wenn man Vorlesungen oder Seminare hält, muss man schließlich "bei Strafe des Untergangs", wie eine spätere Assistentin zu sagen liebte, vorbereitet sein, um nicht zur komischen Figur zu werden. Die Forschung lässt sich eher verschieben, und das ist schon manchem auf die Dauer schlecht bekommen, denn die Assistentenjahre eilen...

NEBENAMTLICH AN DER SCHULE

Ich verschaffte mir eine Latein- und eine Englisch-
klasse an einer Oberschule, um selbst methodisch
etwas ausprobieren zu können und um eine Klasse
zu haben, in der wöchentlich ein Student seine
oder ihre Unterrichtsversuche machen konnte. Die
meisten Methodiker griffen zu diesen Zwecken auf
bewährte Lehrer zurück und unterrichteten selbst
wenig oder nie vor den Studenten. So war auch ich
sozusagen groß geworden. Aber wir hatten immer
unsere Witze gemacht, wenn der betreffende Dozent uns nur erklärte, aber nicht vorführte, wie es
gemacht werden sollte. Bei meinem Vorgänger in
der Englischmethodik hatte ich andererseits gesehen, wie schwierig es ist, in einer Klasse, die nicht
an einen gewöhnt ist, vorzuunterrichten. Gerade in
einer Fremdsprache, die Lehrer und Schüler im
Unterricht benutzen müssen, macht es den Kindern oder Jugendlichen Mühe, sich auf einen neu-
en Sprecher einzustellen, das kann zu ärgerlichen
Missverständnissen führen. Wenn man dann noch
- wie es der Hochschullehrer natürlich will und
muss - neue methodische Verfahren anwenden
möchte, so ist das nach meinen Beobachtungen fast
unmöglich, wenn die Schüler sich nicht darauf ein-
stellen können, und dazu braucht man mehr als
eine oder zwei Stunden. Ich habe daher, solange
ich an der Universität Methodiker war - bis 1971 -
immer eine Klasse in meinem jeweiligen Fach

selbst geführt, also mindestens vier Wochenstunden in der Schule unterrichtet, und das auch für die Forschung sehr nützlich gefunden, wenn es auch zunächst eine Mehrbelastung war. Besonders lustig war es, als ich in einer Lateinklasse in der Großen Stadtschule eine ganze Reihe der Schülerinnen wiederentdeckte, die ich in meinem letzten Jahr an der POS unterrichtet hatte. Wir haben uns auch auf diesem Niveau wieder gut vertragen. Immer wieder erstaunt aber war ich darüber, wie klein ich neben den Jungen der 9. bis 12. Klasse plötzlich wirkte! Unter meinen Altersgenossen hatte ich mit 1,78 m bei Betriebsfesten immer Schwierigkeiten, einen Herrn zu finden, der auch nur ebenso groß war wie ich. In dieser Generation waren Schüler über 1,85 m keine Seltenheit mehr.

Die Klassen an der EOS waren alle gemischt. Das kannte ich von der Grundschule nicht, erst um diese Zeit wurde wohl die Koedukation allgemein durchgesetzt. Das Mischungsverhältnis war allerdings in den verschiedenen Zweigen der EOS unterschiedlich: am neusprachlichen Zweig überwogen die Mädchen bei weitem, im mathematisch-naturwissenschaftlichen Zweig konnten mehr Jungen in der Klasse sein, im altsprachlichen Zweig war das Verhältnis ziemlich ausgewogen. Ich habe fast ausschließlich im mathematischen Zweig unterrichtet, weil dort weniger Wochenstunden für die Sprachen anfielen, um meinen Zeitplan nicht zu sehr zu strapazieren.

Meine englische Freundin hatte mir schon früher geschrieben, sie stelle sich reine Mädchenklassen sehr langweilig vor. Dort waren die gemischten Klassen schon vor dem Krieg allgemein üblich gewesen - allerdings nur an den staatlichen Schulen. Mir gefiel es jetzt auch recht gut, muss ich sagen, denn das Klima versachlicht sich (ein etwas gewagtes Bild!). Ich meine: Wenn nur Mädchen in der Klasse sind, wird manchmal der Versuch unternommen, mit Tränen auf die Lehrkraft einzuwirken - sobald Jungen dabei sind, die das komisch finden und mit dieser Meinung nicht hinterm Berg halten, unterbleibt es ganz von selbst. Außerdem ist es ganz nützlich, wenn männliche und weibliche Sicht etwa auf ein Kunstwerk zusammengeführt und verglichen werden können.

In diesem Punkte machte es sich nun doch bemerkbar, dass sich 500 Schüler oder Studenten leichter an einen Lehrer erinnern als umgekehrt: Als Lehrer besinnt man sich auf besonders gute oder besonders schwierige Schüler - beim Mittelfeld wird es kompliziert. Wenn man Klassenlehrer war, ist es natürlich anders, da hat man die Zeugnisse geschrieben, sich um die "Kopfnoten" mit den Kollegen gestritten, man hat gemeinsame Fahrten unternommen - da kennt man die Seinen noch nach vielen Jahren wieder! Aber das war ja nun für mich vorbei.

Apropos Kopfnoten - da hat sich mir doch ein Fall eingeprägt. Damals gab es noch Zensuren in Betragen, Mitarbeit, Fleiß und Ordnung, auch in den oberen Klassen - gelegentlich als Note, meist in bestimmten stereotypen Wendungen. Für die Bewerbung an der Universität oder in einem Beruf waren gute Kopfnoten vielleicht nicht besonders wichtig, weil sie für normal galten - eine schlechte aber konnte doch schädigend wirken. Als es nun in einer 12. Klasse, von der die Hälfte der Schüler bei mir Latein hatte (die anderen hatten Englisch gewählt), zur Zeugniskonferenz kam, hörte ich plötzlich, dass eine meiner Schülerinnen eine Drei in Betragen bekommen sollte. Es war am späten Nachmittag, jeder sehnte das Ende herbei, aber da fühlte ich mich doch verpflichtet, mich quer zu legen. Ich hatte nie zu klagen gehabt. Es stellte sich heraus, dass die Note auf einen Kollegen zurückging, der mit Anke einmal einen Zusammenstoß gehabt hatte und auch jetzt an seiner Meinung festhielt - und außer mir widersprach zunächst kein anderer Lehrer. Aber diese Beurteilung stand im Gegensatz zu allem, was ich mit dem Mädchen erlebt hatte, und so sagte ich: "Also gut, dann schreiben sie hin: 'Betragen allgemein befriedigend, in Latein sehr gut' - ich jedenfalls unterschreibe so nicht." Und nun meldeten sich noch mehrere andere Lehrkräfte und sagten, auch bei ihnen hätte die Schülerin nie Anlaß zum Tadel geboten - und so wurde die Sache abgebogen. Später aber kam meine ehemalige

Sportlehrerin, die noch immer an der Schule unterrichtete, auf mich zu und sagte: "Als Sie sich da so ins Zeug legten, konnte ich auch nicht abseits stehen - Sie hatten ja Recht." Als wir dann zu zweit waren, hatten die anderen sich ebenfalls aufgerafft. Das Mädchen hatte ein sehr feines Gerechtigkeitsempfinden; ich kann mir gut vorstellen, dass sie sich eingemischt hat, wenn sie meinte, jemandem aus der Klasse geschähe Unrecht, und sich dabei vielleicht auch etwas im Ton vergriffen hat. Der Kollege aber war offenbar humorlos und nachtragend - was ein Lehrer nun wirklich möglichst vermeiden sollte.

"GESELLSCHAFTLICHE TÄTIGKEIT"

"Gesellschaftliche Tätigkeit", mindestens jedem berufstätigen DDR-Bürger ein Begriff, kam im BRD-Sprachschatz meines Wissens gar nicht vor. "Bürgerinitiative" liegt zwar in der Nähe; aber damit vertritt man meistens eigene Interessen gegen den Staat - und das war leider legal in der DDR in organisierter Form nicht möglich. Andererseits habe ich ein einziges Mal einen Generaldirektor aus der BRD kennengelernt, einen Freund meines Vaters aus der Zeit vor dem Krieg, der auf emine hoffnungsvolle Frage: "Sie sind doch sicher in der CDU?", trocken erwiderte: "Wo denken Sie hin, in Parteien ist man nicht, Parteien hält man sich." Für ihn waren politische Aktivitäten im engeren Sinne also schlicht bezahlte Dienstleistungen. Ich bin ihm heute noch dankbar für die klare Auskunft.

Nun also zur DDR. Bei uns handelte es sich um das ehrenamtliche Engagement in einer der politischen Organisationen: Parteien, Gewerkschaft, FDJ, DFD, Kulturbund, Nationale Front im Wohngebiet - auch der Kleingartenverein wäre zur Not in Frage gekommen. Aber Tätigkeit in einer Kirche hätte nicht gezählt, und einfach einen Verein zu gründen wie das "Lebenshilfswerk e.V.", in dessen "Kummersprechstunde" ich jetzt öfter am Telefon sitze, wäre gar nicht möglich gewesen. Sportvereine gab es dagegen - ehrenamtliche Tätigkeit in einem solchen hätte sich auch anführen lassen und war ja auch zweifellos nützlich. Aber wesentlich war halt nicht nur die Nützlichkeit, die man den vielen Selbsthilfegruppen aller Art, die es heute gibt, sicher nicht absprechen kann, sondern die "Absegnung" der entsprechenden Organisation durch - ja, doch wohl in erster Linie durch die SED, auch wenn Sportvereine sicher Geld aus der Staatskasse erhielten und nicht nur von Beiträgen existierten.

"Gesellschaftlich" hieß "in weiterem Sinne politisch" - auch die Kleingärtner und Kleintierzüchter sollten sich eben nicht völlig aus dem politischen Leben zurückziehen können, es musste dafür gesorgt sein, daß aktuelle Themen auch bei ihren Versammlungen Eingang fanden. Solche Aktivitäten wurden abrechenbar (und kontrollierbar) dadurch, dass sie bei Prämien für gute Arbeitsleistungen mit berücksichtigt wurden - oder: dass ihr Fehlen eine Auszeichnung verhindern konnte. Allerdings kam es häufig vor, dass der Betrieb in allererster Linie die "eigenen" Organisationen, Partei (=SED)leitungen und Gewerkschaftsleitungen der verschiedenen Ebenen, den eigenen Sportverein und was es noch gab, qualifiziert besetzt haben wollte - was einer im Wohngebiet oder sonst irgendwo leistete, zählte dann eher als Freizeitspaß -. Auch die Blockparteien hatten Mühe, in dieser Hinsicht anerkannt zu werden. Das politische Leben im allerweitesten Sinne konzentrierte sich allerdings ohnehin in den Großbetrieben. Das war gewollt. Aber die Ausstrahlung in die Wohngebiete

- und Gartenkolonien -, um beim Beispiel zu bleiben, blieb immer relativ schwach; jedesmal zu den Wahlen gab es dann eine hektische Betriebsamkeit, um das auszugleichen.

Ein psychologisches Kernproblem lag meiner Meinung nach darin, dass die Natur in ihrer Weisheit dafür gesorgt hat, bei den Herdentieren (zu denen ja auch der Mensch gehört) die Zahl derer, die überhaupt eine Führungsrolle übernehmen wollen und können, nicht allzugroß werden zu lassen - sonst wäre keine Herde lebensfähig. Auf der anderen Seite aber sind die "Herdentiere mit Führungseigenschaften" durchsetzungsfähig und entscheidungsfreudig und nicht dafür zu haben, sich "von oben" die Handlungsweise detailliert vorgeben zu lassen. Was heißt "von oben"? Auch "von der Seite"! Gerade im staatlichen Bereich waren die Führungspositionen jeweils doppelt besetzt: nirgendwo sieht man das deutlicher als in "Der Erste" von Landolf Scherzer. Dieser "Erste" ist nicht etwa der Vorsitzende des Rates des Kreises (der ja im Großen und Ganzen dem Landrat in "Der Zweite" entsprechen würde), sondern der Genosse 1. Kreissekretär der SED, übrigens ein ausgesprochen vernünftiger Mann - aber "natürlich" wenden sich in Krisensituationen der unterschiedlichsten Art die Menschen an ihn und nicht an den anderen, obwohl er das gar nicht will. Solche Tendenzen gab es auch in den Betrieben, freilich immer etwas abhängig von der Qualifikation und dem Charakter des

180

jeweiligen staatlichen Leiters und des Parteisekretärs; ein parteiloser Klinikdirektor mit Einzelvertrag dürfte in einer ziemlich starken Position gewesen sein...

Wenn die Massenorganisationen auch nicht "zwei Leiter" hatten, so war im allgemeinen dafür gesorgt, dass der oder die Vorsitzende Genosse bzw. Genossin war, so dass ihre Loyalität vorrangig bei der SED lag.

Es war also objektiv nicht einfach, auf allen Ebenen die verschiedenen Leitungen qualifiziert zu besetzen, da die Zahl der Leute, die dafür sachlich und charakterlich befähigt *und* bereit waren, solche Aufgaben in ihrer Freizeit zu erfüllen, nicht beliebig zu steigern war. Hinzu kam aber auch, dass gerade die Engagierten schnell an die Grenzen ihrer Möglichkeiten stießen, weil sie sich immer wieder bevormundet sahen. Nach meiner Ansicht oft in geradezu widersinniger Weise.

Ein Beispiel aus eigener Erfahrung: Im DFD wurde (allerdings wohl erst in den siebziger Jahren) eine "Frauenakademie" ins Leben gerufen. Der Name wirkte auf das angepeilte Hausfrauenpublikum allerdings eher abschreckend als werbend, weil man ("frau" würde man heute schreiben!) dahinter natürlich eine Fortbildung mit Prüfung am Ende vermutete; es war aber bloß ein snobistischer Ausdruck für Vortragszyklen mit Diskussion. Aber darüber kamen wir noch hinweg. Ich konnte eine ganze Anzahl von Kolleginnen und Kollegen von der Universität für Vorträge gewinnen; die Veranstaltungen unserer Reihe "Mit Bild und Ton durch die Geschichte" waren gut besucht, und es wurde dabei auch ein materialistisches Geschichtsbild vermittelt - aber nein.

Die Themen waren von der Leitung in Berlin gusseisern vorgegeben - es ging vor allem um die Auswertung des jeweils letzten Parteitags, alles andere war suspekt und konnte höchstens gelegentlich "untergejubelt" werden. Die Freundinnen vom Zentralvorstand - nein, so hieß das nicht, ich habe den richtigen Ausdruck vergessen - mussten es ja nicht selbst machen. Das Absurde war, dass wir - ich war viele Jahre in Rostock im Kreisvorstand - die Sache gar nicht "torpedieren" *wollten*. Wir suchten echt nach Mitteln, auch überzeugte Hausfrauen auf dem Wege über die Geschichte an die Politik heranzuführen, und meiner Ansicht nach hatten wir sogar eine bessere Chance als die Freundin Blech, die in Berlin für die Propaganda verantwortlich war, mit ihrem Konzept; denn wer gar nicht erst kommt, weil ihn das Thema schon anödet, kann schließlich nicht angesprochen werden. Aber alles umsonst. "Es ist nicht gesichert, daß da das richtige Geschichtsbild vermittelt wird." So wütend war ich lange nicht gewesen: "Halt's mi fest, oder ich derschlag ihn!" Gerdi, unsere Kreisvorsitzende, beruhigte mich mit Mühe. Ich fürchte, sie hatte meinetwegen schon öfter Ärger gehabt. Vielleicht bin ich ja zu harmlos und zutraulich -

aber ich habe all die 40 Jahre den Eindruck gehabt, man hätte "unseren Menschen" gut und gern mehr Initiative überlassen können (nein: müssen!), ohne dass der Sozialismus dadurch gefährdet worden wäre. *"An die Stelle der bürgerlichen Gesellschaft mit ihren Klassen und Klassengegensätzen tritt eine Assoziation, worin die freie Entwicklung eines jeden die Bedingung für die freie Entwicklung aller ist"*, heißt es im Kommunistischen Manifest - hätte man nicht irgendwann anfangen müssen, das mindestens zu üben? Aber mein Gesichtskreis war begrenzt, wie ich schon betont habe - denken Sie doch bitte gelegentlich darüber nach!

Aber trotz allem: Die gesellschaftliche Tätigkeit konnte auch Spaß machen; und ich habe eine ganze Reihe von Kolleginnen und Kollegen gekannt, die sich in einer solchen Funktion ideenreich und zuverlässig einsetzten - und die zum guten Teil auch nach der Wende wieder eine Möglichkeit gefunden haben, sich ehrenamtlich erfolgreich einzubringen. Gerade jetzt (1979) brauchen die Gewerkschaften wieder viele ehrenamtliche Mitarbeiter...

Vielleicht ist ja mancher auch erst durch ein bissel Druck - und Anerkennung - in dieser Richtung auf den Geschmack gekommen? Gerade Frauen konnten zum Beispiel in der Gewerkschaft Leitungserfahrungen gewinnen. Es muss ja auch nicht jeder in einer Leitung der Erste sein ... Es ist alles immer noch komplizierter, als man zunächst denkt!

UNSERE FREUNDE AUF DEM LANDE

Während ich mich sozusagen nach und nach in meine Tätigkeit an der Uni hineinarbeite und mein Habilthema Gestalt annimmt, schiebe ich noch den angekündigten Bericht über die "Kollektivierung der Landwirtschaft" aus der Sicht meiner Familie ein. Sch.'s, unsere Nachbarn aus dem Reifergraben, hatten, sobald sich die Möglichkeit ergab, also wohl noch 1945 oder '46, ein Stück Land aus der Bodenreform in Anspruch genommen. Sie kamen nach Roggentin und hatten dort guten Erfolg - mehr als manche der Landarbeiter des Gutes selbst, das damals aufgesiedelt wurde. Denn Sch.'s kamen aus Hinterpommern und hatten dort bereits einen kleinen Hof gehabt, sie kannten nicht nur die Arbeit, sondern sie wussten auch, wie man sie organisiert - und das fiel vielen der ehemaligen Gutsarbeiter doch zunächst sehr schwer. Sie waren es ja gewohnt gewesen, jeden Morgen vom Verwalter zur Arbeit eingeteilt zu werden, mit der Planung hatten sie nichts zu tun gehabt. Zwar hatte jeder von ihnen sein Stückchen Land gehabt, wo er ein paar Kartoffeln anbaute, hatte Hühner und vielleicht ein Schwein gehalten, aber eine Neubauernstelle umfasste 8 bis 10 Hektar Land, inklusive etwas Wald - und das war ein echter Qualitätsunterschied. Nicht allein, dass die richtigen Termine für Aussaat, Pflege, Ernte der verschiedenen Feldfrüchte sowie die Fruchtfolge berücksichtigt

184

werden mussten, dass die Düngung angesichts der Versorgungslage ihre Tücken hatte, selbst die Tatsache, dass nicht alles verbraucht werden durfte, wenn man im Frühjahr Saatgut haben wollte, war nicht jedem klar. Wenn es dem Gutsherrn gelungen war, bei der Flucht vor der Roten Armee auch noch Pferde und Gerät mitzunehmen (selbst wenn es dann unterwegs irgendwo liegen geblieben war), ergaben sich auch große technische Probleme. So macher dachte, nachdem die erste Begeisterung verrauscht war: „Harr'n wi man uns' Herrn wedder!" Eigenes Land in Theorie und Praxis ist doch ein großer Unterschied. Denjenigen unter den Umsiedlern, die überhaupt nicht aus der Landwirtschaft kamen, aber auf diese Weise versuchten, der Arbeitslosigkeit zu entgehen, wurde es noch saurer. Aber wenn wir Sch.'s besuchten, sahen wir das Häuschen wachsen - zuerst waren sie, glaube ich, noch eine Weile im Gutshaus untergebracht; und schon bald hatten die drei - Vater, Mutter und Tochter - es zu bescheidenem Wohlstand gebracht. Sie rackerten weit über acht Stunden täglich, und Liselotte, die begabt war und das gern gewollt hätte, konnte nicht auf die EOS gehen - sie wurde zu dringend gebraucht. Aber eines Tages stand sogar ein Auto Marke Wartburg vor der Tür.

Roggentin hatte natürlich den Vorteil der Stadtnähe, da ließen sich Gemüse und Eier gut an den Mann bringen - wir gehörten auch zu den regelmäßigen Kunden. Im Abstand von ein paar Monaten

wanderten wir sonntags nach Roggentin hinaus -
zunächst ging die Buslinie nur bis zum Weißen
Kreuz - und wurden immer freundlich aufgenommen.

Eines Tages fanden wir Frau Sch. in Tränen - die
LPG-Gründung stand auf der Tagesordnung, und
sie fürchtete, das würde sich ungünstig auswirken.
Herr Sch. war ein Mann weniger Worte, er sagte
auch jetzt wenig - aber glücklich war er auch nicht.
Seine Frau hatte vor allem Angst, dass ihre gut
gehaltenen Kühe es nicht so gut haben würden wie
in ihrer eigenen Pflege, wenn sie in den großen
Stall kämen - wir gingen ganz bedrückt nach Hause. Es verging aus dem einen oder anderen Grunde
eine längere Zeit, bis wir wieder einen Besuch in
Roggentin machten, und ich weiß noch wie heute,
dass meine Mutter die Unterhaltung vorsichtig mit
den Worten einleitete: "Na, sind Sie nun immer
noch so betrübt, oder hat sich die Sache mit der
LPG inzwischen etwas eingespielt?" Und Frau Sch.
ganz entrüstet: "Betrübt? Wieso denn?" Es lief so
gut, dass sie ihre damalige Aufregung glatt vergessen hatte. Niemals vorher hatte ja ein Kleinbauer
oder eine Kleinbäuerin Urlaub machen können -
wer sollte die Tiere versorgen? Die LPG machte es
möglich. Sch.s Sinneswandel war nichts Ungewöhnliches: Gerade heute - 1997 - lese ich in der
Zeitung den Leserbrief eines Lehrers, der 1956 auf
dem Lande agitierte, um die letzten Bauern für die
LPG zu gewinnen. Er erlebte, dass der Hund auf

ihn gehetzt wurde. Später aber sagte der Sohn des
Bauern zu ihm: "Und jetzt würde mein Vater den
Hund losmachen, wenn ihm einer zureden wollte,
wieder aus der LPG herauszugehen!"
Sehr verständlich, denn diese Wirtschaftsform war
einfach besser: Unter den Bedingungen schon der
antiken, erst recht aber der modernen Landwirtschaft mit ihren Maschinen sind Kleinbauernhöfe
eben auf die Dauer nur unter ganz speziellen Bedingungen (günstige Verkehrslage, guter Boden,
evtl. Zuarbeit in der Industrie) überlebensfähig,
und auch das nur, wenn die Inhaber sich fürchterlich schinden - Strittmatter wusste, wovon er in
dem Buch "Tinko" sprach!
Deshalb war die Aufsiedelung nur eine Sache auf
Zeit, die genossenschaftliche Organisation ein echter Fortschritt, ja eine Notwendigkeit. -
In der BRD war der Konzentrationsvorgang in der
Landwirtschaft natürlich auch unübersehbar,
wenn auch durch die Subventionspolitik abge-
bremst. Unter kapitalistischen Bedingungen wurden (und werden) bei diesem Vorgang dennoch
ungleich mehr Menschen "freigesetzt" oder "einge-
spart" als bei der Umwandlung der Kleinbauern-
stellen in LPGs, da in der DDR viele Menschen in
sozialen Diensten der verschiedenen Art und
durch einen relativ hohen Arbeitskräftebesatz in
der Landwirtschaft (und in der Industrie) aufge-
fangen wurden. Daß diese Lösung auch nicht das
berühmte Ei des Kolumbus war, erwies sich in den

letzten 20 Jahren der DDR leider zunehmend. Aber das kam erst später...

Aber selbst unter denen, die 1989 vor der Wende die DDR verließen, waren bemerkenswert wenige LPG-Bauern, subjektiv ging es ihnen auch damals noch gut. Wenn man ihnen nach der Wende nicht von der Seite der Politiker (will sagen nicht zuletzt des westdeutschen Bauernverbandes), ganz bewusst Knüppel zwischen die Beine geworfen hätte, was beispielsweise die Langzeitpacht von Land anging, wäre die LPG, wenn auch mit geringerem Arbeitskräftebesatz, mehr als konkurrenzfähig. Das ist nicht bloß meine unmaßgebliche Städter-Meinung, das höre ich immer wieder im nunmehr gesamtdeutschen Landfunk auf DeutschlandRadio Berlin, wenn Europolitiker gegen die "veralteten Formen" der westdeutschen Landwirtschaft wettern. Daß die LPGs sich mit der Zeit hocharbeiteten und wohlhabend wurden, hatte Auswirkungen auf die Universität:

In den ersten Jahren versuchten viele Landwirtschaftsstudenten mit aller Gewalt, sich eine Assistentenstelle an der Uni zu verschaffen, um nicht nach dem Studium aufs Land zu müssen. Seit etwa 1970 wuchs der Andrang auf das Landwirtschaftsstudium, es gab Zweige, in denen fast 10 Bewerber auf den Studienplatz kamen; die Universität hatte sogar Schwierigkeiten, hoffnungsvollen Nachwuchs in Rostock zu halten, denn auf dem Lande waren Verdienst und Wohnverhältnisse für einen

188

tüchtigen studierten Landwirt weitaus günstiger als für einen Assitenten in der Stadt.

Ich habe mich kurz nach der Wende oft schwer geärgert, wenn in einer Landwirtschaftssendung aus Schleswig-Holstein der Reporter fast mit Tränen in den Augen von der Zwangsversteigerung eines weiteren dortigen Bauernhofs berichtete - und keine zehn Minuten später wurde vom gleichen Sender aus unseren Bauern geraten, als "Wiedereinrichter" aus der LPG herauszugehen! Bei den Bedingungen eines Bankkredits waren die Chancen der Wiedereinrichter auf dauerhafte Rentabilität nämlich ziemlich schwach. Wesentlich besser kamen die Holländer weg, die hier einen auf Gemüse spezialisierten Zweitbetrieb einrichteten und den heimischen Wagenpark für den Transport der Erzeugnisse einsetzen konnten. -

Das Problem, was geschehen soll, wenn die Partei (im allerweitsten Sinn), welche eine gewaltsame Landverteilung bzw. -umverteilung durchgeführt hat, erst nach langen Jahren wiederum von der Macht verdrängt wird, ist keineswegs erst heute aktuell geworden. Im Gegenteil, das gab es bereits im alten Griechenland mehrfach. Und immer wieder stellte sich die Frage: Was tun, da die ursprünglichen Eigner längst tot sind, ebenso wie die ursprünglichen Empfänger des Landes? Da also eine Menge subjektiv ganz unschuldiger Menschen unglücklich gemacht werden würden, so daß nur neuer Zwist entstünde? Ein einziges Mal gelang es,

189

das Prinzip "Entschädigung vor Rückgabe" durchzusetzen (im Jahre 251 v.Chr.), mit dem Erfolg, daß eine echte Versöhnung zustande kam. Es handelte sich damals allerdings um einen kleinen Stadtstaat, und der verantwortliche Politiker (Arat von Sikyon, 271- 213 v.Chr.) fand einen großzügigen Geldgeber im König von Ägypten, sonst hätte er es wohl nicht geschafft. Aber wenn ich an die Abermillionen Mark denke, die unter der Ägide der Treuhand vergeudet wurden oder in dunkle Kanäle geflossen sind, und außerdem daran, daß die Enteigneten zum allergrößten Teil schon einmal von der BRD entschädigt worden waren, so denke ich, daß etwas Ähnliches auch nach der Wende möglich gewesen wäre - was für eine Chance wurde da vertan!

Ich sah von der Entwicklung in der Landwirtschaft auch allerlei in anderen Orten als Roggentin, schon als Studentin und später als angehende Wissenschaftlerin, weil zunächst jedes Jahr im Herbst fast alle Studenten, später nur noch die des ersten Studienjahrs zur Erntehilfe, speziell zur Kartoffelernte, etwa 14 Tage lang eingesetzt wurden, bis schließlich die Vollerntemaschinen den Einsatz von Helfern überflüssig machten. Bei dieser Gelegenheit lernten sich die Studienanfänger und ihr Seminargruppenbetreuer gleich gegenseitig kennen, gründlicher, als es je im Studienbetrieb möglich gewesen wäre. In den siebziger Jahren allerdings wurden im Grunde nur noch junge Männer mit

Führerschein für Traktor und Lastwagen wirklich gebraucht, für die Mädchen verlagerte sich die Arbeit an die Sortiermaschine - und dann fanden die Bauern, dass die Verpflegung mehr Arbeit und Kosten machte, als die Hilfe wert war, und die Sache hatte sich erledigt.

SEMINARGRUPPENBETREUER

Dies Wort ist schon längst aus dem Wortschatz verschwunden - den Weg in den Duden hatte es nicht einmal in DDR-Zeiten gefunden.

Es handelte sich dabei um die Ansprechperson einer Studentengruppe, ein Mitglied des wissenschaftlichen Nachwuchses, gelegentlich auch des Lehrkörpers; ich selbst hatte noch als Dozentin einmal eine Gruppe zu betreuen.

Man blieb mit diesen Studenten die ganze Studienzeit über verbunden, im besten Fall eine Vertrauensperson, jedenfalls ein Bindeglied zwischen ihnen und der Instituts- bzw. später der Sektionsleitung. Der Betreuer bzw. die Betreuerin kam immer aus dem Hauptfach der Studenten und musste auch bei Problemen mit dem Nebenfach, den Pädagogen etc. vermitteln, bei Einsätzen war man auch mit von der Partie und nicht zuletzt für die jährliche Leistungseinschätzung aller Studenten verantwortlich. Machbar war das alles nur, weil in der DDR wesentlich weniger Studenten auf einen Mitarbeiter (vom Assistenten bis zum Professor) kamen als in der alten BRD. Spätestens vom dritten Studienjahr an wurde die Betreuung wohl von beiden Seiten als lästig empfunden. Zu diesem Zeitpunkt kennt ein Student sich an der Uni aus und hat - allerdings gehe ich da von den Erfahrungen einer kleinen Universität aus - im Allgemeinen seine eigene Bezugsperson(en) im Lehrkörper gefunden.

192

Aber der Übergang von der Schule zur Universität war und ist schwierig: Die Tatsache, dass einem das Lernen jetzt selbst überlassen bleibt, dass keiner einen drängt oder überprüft, ehe die Zwischenprüfung wirklich stattfindet, verführt so manchen zum Aufschieben. Plötzlich ist es dann zu spät.

Ja gewiss, "es sind alles mündige Bürger; wer zur Wahl gehen kann, sollte sich auch an der Universität zurechtfinden, wer nicht übernormal aktiv ist, hat beim Studium sowieso nichts verloren" - die jungen Männer, die nach der Schule erst bei der Armee gewesen waren, betrachteten den Berater oft mit freundlicher Herablassung. Und doch gab es auch bei ihnen gelegentlich Probleme, bei denen ein guter Rat ganz willkommen war. -

Wer aus einer Akademikerfamilie kommt, wer sich seiner Umgangsformen in jeder Lebenslage sicher ist, hat als Student oder Studentin kaum Hemmungen, um Förderung, Hilfe oder Rat zu ersuchen. Andere jedoch zögern. Unter den Studentinnen, die ich in letzterer Zeit "auf dem letzten Drücker" noch auf Sprachprüfungen vorbereitet habe, wäre es bei einigen wirklich schade gewesen, wenn sie das Studium hätten abbrechen müssen. Ihnen hätte eher (und kostengünstiger...) geholfen werden können, wenn beizeiten ein(e) Betreuer(in) gemerkt hätte, dass sie den Anschluss zu verlieren begannen, und sie sozusagen an die Hand genommen hätte. Die Kommilitonen wissen es natürlich immer, aber - "Soll ich meines Bruders Hüter sein?"- Auf jeden Fall war es aber übertrieben, nein: falsch, die Betreuung so lange fortzusetzen, bis sie als Kontrolle empfunden werden musste; die Obrigkeit traute "unseren Menschen" (schrecklicher Ausdruck !) auch in diesem Fall zu wenig Positives zu. Wer von Natur initiativ ist (in DDR-Zeiten sprach man von "initiativreich"), weiß sich stets irgendwie den nötigen Freiraum zu verschaffen; aber die Indolenten wurden durch solche Überbetreuung in ihrem Mangel an Selbständigkeit bestärkt und mussten nach der Wende "auf die harte Art" nachlernen, wie die Amerikaner das nennen.

Es scheint vielleicht müßig, über ein derartiges Thema Ende der neunziger Jahre, wo man sich nur oder hauptsächlich fragt, wie und wo man an der Hochschule eine weitere Mitarbeiterstelle streichen kann, noch Worte zu verlieren. Eines gibt jedoch zu denken: Immer mehr betuchte Eltern schicken ihre Söhne und Töchter an angelsächsische Universitäten, wo das Tutorensystem schießlich zu Hause ist, während immer weniger Briten und überhaupt Ausländer in Deutschland studieren. Bildung war einmal eines der wesentlichen Exportgüter beider deutscher Staaten, der DDR auf jeden Fall. Sollte das statistisch relevante Abschwenken der Ausländer auch damit zu tun haben, dass Studenten sich in Deutschland zu sehr selbst überlassen beiben??

194

NEUE WISSENSCHAFTLICHE PLÄNE...

Inzwischen hatte ich mir ein Thema für die Habilitationsschrift überlegt: Nach dem Lehrplan von 1961 hatten die Schüler des mathematischen (B-) Zuges der EOS 12 "Jahreswochenstunden" Latein, (d.h. 3 Jahre je 4 Wochenstunden), die des neusprachlichen (A-)Zuges 14. Das war etwas mehr als vorher, die absolute Höchstzahl, die je erreicht wurde. Sie sollten in dieser Zeit einen Originaltext in gutes Deutsch zu übersetzen lernen, zum Verständnis lateinstämmiger Fremdwörter und Fachausdrücke befähigt und ganz allgemein sprachlich geschult werden.
Die Ziele sind erreichbar - aber Zeit ist dabei nicht zu verschenken, und es war zu vermuten, dass das vorhandene Lehrbuch (von Friedrich Wolf) noch verbesserungsfähig war.

Ich untersuchte in der Arbeit den Verbenbestand der im Lehrplan vorgeschriebenen Originaltexte, sowohl in Hinblick auf die überhaupt vorkommenden Verben und ihre relative Häufigkeit wie auf die verschiedenen Verbformen und die grammatischen Strukturen, in denen sie standen (Hauptsätze, Nebensätze, die im Lateinischen so beliebten Infinitiv- und Partizipialkonstruktionen).
Es gab bereits in den USA, in Frankreich und in der Sowjetunion Arbeiten dieser Art - aber in Deutschland (Ost und West) herrschte immer noch das

"Systemprinzip": Die Grammatik wurde möglichst vollständig abgearbeitet, und das in einer Reihenfolge, die schon über hundert Jahre festlag.

Wenn hier und da ein bisschen gekürzt wurde, geschah es ohne wissenschaftliche Absicherung.

Mir wurde bei den Vorarbeiten klar, dass es nicht um "die" lateinische Sprache gehen konnte, sondern dass ich das Untersuchungsmaterial aus Werken von Schriftstellern nehmen musste, die bei uns in der Schule gelesen werden sollten.

Auch im Deutschen sind ja nicht nur der Wortschatz, sondern auch die Verbformen, die man in einem lyrischen Gedicht zu erwarten hat, ganz andere als bei einem Geschichtswerk. Ein einleuchtendes Beispiel: Geschichtswerke berichten über die Vergangenheit. Das Futur (die Zukunft) spielt in ihnen praktisch keine Rolle - gerade diese Zeit ist aber im Lateinischen relativ kompliziert. Wenn man mit Caesarlektüre beginnen will, muss aufs Futur im Vorfeld nicht übermäßig viel Zeit verwandt werden. Bei Gedichten ist es anders.

Noch ein Beispiel: In traditionellen Lehrbüchern wurde und wird z.T. bis heute ein ganzes Jahr lang nur mit lateinischen Haupt- und Nebensätzen im Indikativ gearbeitet. Im Lateinischen ist aber der Konjunktiv sehr viel häufiger als im Deutschen, in der normalen Schriftsprache erscheint er fast in jedem Satzgefüge. Die Schulbuchtexte wirken also mehr oder minder gequält und unnatürlich, weil sie dem Sprachgebrauch zuwiderlaufen, und die

Schüler lernen eine wichtige und nicht ganz unkomplizierte Sache erst so spät, dass ihnen wichtige Übungszeit dafür verloren geht.

Diese Dinge und viele weitere belegte ich nun genau, indem ich sämtliche Verbformen der Originaltexte, die zur Lektüre im B-Zug und im A-Zug vorgesehen waren (hauptsächlich Historiker, wenige Dichterstellen), in Tabellen brachte, die später auf 80-stellige Lochkarten übertragen wurden - mit sämtlichen einschlägigen grammatischen Angaben, die sich dazu machen ließen, in kodierter Form. Unterstützt wurde ich dabei von einer der besten Hilfsassistentinnen, die ich je hatte, dem unbeirrbar zuverlässigen Fräulein Sixtus - ihr sei gedankt!

Danach bearbeitete ich eine "Kontrollgruppe" von anderen Texten - Versen und Reden, die nur auf dem altsprachlichen (C-)Zweig behandelt wurden. Die erste Gruppe umfasste 5881 Verbformen, die zweite 1963.

"Unterbrochen" ist etwas übertrieben, ich war noch gar nicht richtig in Gang, aber jedenfalls: Am 13. August 1961 passierte es. Wir waren gerade auf dem Weg in den Urlaub - nach Probstzella, ins Grenzgebiet; und wir fuhren auch weiter. Dort war alles ruhig, die übrigen Gäste waren offenbar auch alle angereist, und meine Mutter und ich machten, wie immer, weite Spaziergänge und hatten kaum Kontakt zu anderen. Es waren ja die einzigen Wochen des Jahres, in der ich wirklich Zeit für sie hatte. Erst auf dem Rückweg, in Berlin, wurden wir in einer eher unscheinbaren, aber sehr eindrucksvollen Weise mit den Folgen konfrontiert: Wir waren zufällig in der letzten Vorstellung von "Candida" von G. B. Shaw, in der Ursula Burg auftrat. Sie war eine vorzügliche Schauspielerin, seit Jahren am Deutschen Theater engagiert, aber sie wohnte in Westberlin. Jetzt mussten sich alle, die in ihrer Situation waren, entscheiden: Umzug nach Ostberlin, in die Hauptstadt der DDR - oder ausscheiden. Sie spielte hinreißend - die Frau eines egozentrischen Pfarrers, die sich zu dem scheinbar so hilflosen jungen Dichter Marchbanks hingezogen fühlt, aber am Ende doch bei ihrem Mann bleibt, "weil er sie dringender braucht" (obwohl er das noch gar nicht richtig realisiert hat ...), was für eine Leichtigkeit und was für eine sympathische Stimme! - und dann, beim Schlussapplaus, stürzten ihr die

Tränen nur so übers Gesicht, und unsere Nachbarn klärten uns auf, weshalb sie so verzweifelt traurig war.

Der andere, akustische Eindruck, den ich mit diesem Ereignis verbinde, sind die ständig hämmernden Meldungen in den Nachrichten (und ich hörte nie RIAS, sondern höchstens NDR!) in den Wochen *vor* dem 13. August: "Heute 15 Personen geflüchtet" - "Heute 13 Personen geflüchtet" (immer mit den abenteuerlichen Umständen der Flucht, wenn nicht mit Namen, so mindestens mit Beruf und Herkunft der Betreffenden, und wo es gewesen war). Wir haben stets empfunden: "Dies kann nicht gut gehen - warum machen sie das bloß?" Und als dann so überraschend die Grenze dicht gemacht wurde: "Dies mußte ja so kommen!"

Ich glaube wirklich, dass nicht bei den Besatzungsmächten, wohl aber bei etlichen westdeutschen Politikern der "Tag X" und das "Roll Back" als reale Möglichkeit angepeilt worden war: Man hatte mit voller Absicht versucht, in der DDR eine Panik- und Endzeitstimmung wenn nicht hervorzurufen, so jedenfalls zu fördern.

Ich hätte Brigitte Reimann zugestimmt, wenn ich gewußt hätte, was sie am 19. und 24. 8. schrieb: *"Übrigens haben wir nicht geweint über diese neue Maßnahme, die eigentlich schon längst fällig gewesen wäre. Warum sollen wir nicht auch mal die Zähne zeigen?"*

Aber dann auch: *"...und obgleich alle unsere Freunde*

politisch einen klaren Kopf haben, sind sie verärgert. Sicher, mit dem Verstand begreift man die getroffenen Maßnahmen, aber gegen einiges sträubt sich auch das Gefühl, und gegen die Kommentare der gute Geschmack. Das klingt snobistisch, ich weiß, aber man muß bedenken, was es für Leute, zu deren Beruf die Pflege der deutschen Sprache gehört, bedeutet, wenn sie Tag für Tag das rüde Geschrei hören, die brutale Sprache der Zeitungen lesen müssen."
(B. Reimann in ihren Briefen und Tagebüchern, Hg. E. Elten-Krause und W. Lewerenz, Berlin 1983, S. 118/9)
Allerdings hatten wir keine nahen Verwandte in der BRD; wir waren also emotional nicht so hart betroffen wie beispielsweise viele Berliner, deren Familien entzweigeschnitten wurden.

Die wissenschaftliche Tätigkeit wurde durch den Bau der Mauer zunächst nicht berührt. Erst ein paar Jahre später wurde es auf altertumswissenschaftlichem Gebiet eng, weil sozusagen der Markt gesättigt war - in der BRD wurden die Stellen schon in den sechziger Jahren knapp.
Meine Arbeit war eine der ersten sprachlichen Untersuchungen mit Hilfe eines elektromagnetischen Verfahrens (Hollerith) in Deutschland. Der Einsatz elektronischer Rechenmaschinen für solche Zwecke war noch Zukunftsmusik, wenn auch schon in den USA die ersten Versuche liefen.
Ich wurde in der Akademie der Wissenschaften in

Berlin, wo ein Komitee für technische Hilfsmittel und maschinelle Informationsverfahren bestand und wo etwas später ein Sprachzentrum aufgebaut wurde, von Herrn Dr. Mater (jetzt Professor in Ilmenau) freundlichst beraten. Die Lohnbuchhaltung der Neptunwerft in Rostock lochte zunächst die Karten und nahm die ersten maschinellen Zählungen vor. Jedoch war es für die Locherinnen und Sortiererinnen weit schwerer als gedacht, da meine Arbeit sehr komplizierte Lochungen - im Vergleich zu den Gehaltsabrechnungen - und sehr viele verschiedene Einstellungen der Tabelliermaschine erforderte. Ein wahrer Schock war es, als sich herausstellte, dass fast ein Viertel meiner Karten Lochungsfehler enthielten, wodurch die Ergebnisse völlig unbrauchbar wurden! Schließlich wurden die Lochkarten alle in Berlin nochmals überprüft und berichtigt. - Erst als ich selbst in der Werft an die Sortiermaschinen heran durfte, lernte ich dann, die korrekten Sortieranweisungen in allen Einzelheiten schriftlich festzulegen, was eine Kunst für sich ist. Dort war Herr W. Bökenhauer, der Leiter des Rechenzentrums, mein hilfsbereiter Mentor. Die komplizierten statistischen Berechnungen oblagen dem Rechenzentrum der Universität: Wenn sich zwischen den Ergebnissen meiner beiden Verbengruppen Unterschiede zeigten, musste jedesmal festgestellt werden, ob sie im Zufallsbereich lagen oder wirklich was zu bedeuten hatten - und wenn ja, suchte ich nach dieser Bedeutung ...

Die sarkastische Bemerkung "Oh, hätte doch der Kandidat ein kleines Büchlein über Statistik gelesen", die ich damals in der Verteidigung meines Kollegen gehört hatte, schwebte die ganze Zeit vor meinem inneren Ohr, und ich sicherte mich da gehörig ab. Ich habe für alle diese Leistungen nicht selbst zu bezahlen brauchen - das hätte ich natürlich auch nicht gekonnt. In der Hinsicht war die DDR wirklich großzügig.

Der technische Teil meiner Arbeit hat heute nur noch historischen Wert. Aber die inhaltlichen Ergebnisse haben sich bewährt.

LETZTE ARBEITSPHASE: IN DER KLINIK

Kurz vor Silvester 1964 konnte ich die Arbeit einreichen - von der Klinik aus. Ich war mit dem Rad in eine Ölspur geraten und - eigentlich ganz sanft - hingefallen. Und dann war es ein Knöchelabbruch. Heute würde man mich sicherlich eingipsen und dann nach Hause schicken, damals durfte ich - als Angehörige der Universität - gute 14 Tage in der Chirurgie bleiben. Zu Hause hätte sich die Pflege schwierig gestaltet, denn ich hatte keinen Gehgips. Und überhaupt - das unheizbare Schlafzimmer, meine kleine Mutter - ich war heilfroh! Mama brachte die letzten Listen, die verglichen werden mussten, die Seiten vom Schreibbüro, die ich Korrektur lesen musste - und ein paar Rätselzeitungen, damit die anderen Patienten beschäftigt waren. Abends las ich immer eine Runde aus Mark Twain vor: "Ein Yankee an König Arthurs Hof", das gefiel allen, vom Teenie bis zur Oma; wir waren, glaube ich, zu siebt im Zimmer. Meine Bettnachbarin, eine Buchhalterin mit einer Knieverletzung, die von einem Sportunfall herrührte, beteiligte sich sogar am Listenvergleich und am Zählen der Verben... Eine andere Patientin hatte einen Beckenbruch von einem Verkehrsunfall - aber wir waren alle relativ munter. Mit Knochenbrüchen ist man ja auch nicht eigentlich krank.
Chefarzt der Chirurgischen Klinik war Herr Professor Brückner, ein über die Grenzen der DDR

hinweg berühmter plastischer Chirurg, hierorts bekannt als der „Knochentoni". Er war übrigens Österreicher, konnte sacksiedegrob werden - aber zu den Patienten war er stets freundlich; wir mochten ihn alle sehr.

Meine Fakultät nahm von dem Unfall nur insofern Notiz, als der Dekan (nicht mehr Professor Cumme!) mir in die Klinik mitteilte, meine Zeit sei abgelaufen, ich möchte bitte nicht den Abgabetermin überziehen.

Im heutigen Zeitalter von Computer und Kopiergerät kann man sich den Aufwand gar nicht mehr vorstellen, den mir die Herstellung der erforderlichen zehn Exemplare rein technisch abnötigte. Die Tabellen, die in einem Extraband zusammengefasst waren, mussten noch alle im Lichtdruckverfahren kopiert werden. Der Text wurde auf Matrize geschrieben und abgezogen ...

1965 ging dann irgendwie die Verteidigung über die Bühne, die Urkunde ist vom 18. Juni ausgestellt. Und ich bin mir auch nicht mehr sicher, wann ich die Probevorlesung gehalten habe, die zur Habilitation gehörte - ich weiß nur noch, dass mir Prüfungen all und jeder Art bis zum Halse und höher standen - mittlerweile war ich ja auch schon 38, da ist man aus dem Prüfungsalter eigentlich heraus. Jedenfalls wurde ich zum 1. September 1965 als Dozentin für Methodik des Fremdsprachenunterrichts berufen.

Dass ich mich an das Umfeld der Verteidigung kaum noch erinnere und dass ich am Ende so völlig "geschafft" war, dass ich mich kaum noch freuen konnte, lag einerseits daran, dass meine berufliche Belastung größer war als vor der Promotion - ich hatte Lehrveransaltungen in Methodik, später auch Sprachübungen zu halten und die Studenten in den Schulpraktika zu betreuen. Bis Juli 1961 hatte ich auch die Englischmethodik noch versehen, dann fand sich ein Anwärter für diesen Zweig der Methodik, und ich konnte mich nach einer Einarbeitungsphase für ihn wieder ganz den alten Sprachen widmen. Der andere Grund lag in meiner Privatsphäre.

VON FREUNDSCHAFT UND LIEBE

In dieser Zeit zwischen 1959 und 1965 wurde das freundliche Verhältnis zu Fräulein K., die mir bei der Vorbereitung auf die Englischprüfung so gut zur Seite gestanden hatte, über den großen Altersunterschied hinweg zu einer wirklichen Freundschaft, nachdem ich die "Distanzschwelle" schließlich überwunden hatte. Sie konnte vorsichtige Vorstöße in einer Art, übersehen oder überhören, die frösteln machte - und ich wundere mich über mich selbst, dass ich nicht abgeschreckt wurde. Normalerweise bin ich ja selber eher auf Abstand bedacht und deshalb so ein "überzeugter Siezer". Die erste Bastion war gefallen, als sie sich dazu durchrang, mich wie in vergangenen Zeiten, wieder mit dem Vornamen anzureden... Heute kann man sich eine solche Förmlichkeit kaum noch vorstellen, da alle Welt sich spätestens nach acht Tagen Bekanntschaft duzt. Aber: wie schwierig ist es unter diesen Umständen, eine gewisse Distanz einzuhalten - und erst recht: wieder auf Distanz zu gehen, wenn es nötig erscheint, ohne geradezu grob zu werden! Sicher, ich habe ein oder zwei Leute gekannt, die das meisterhaft verstanden - aber es erfordert ein menschliches Format, das nicht jeder hat, und ein bestimmtes diplomatisches Geschick. Näher kommen kann man sich ja immer, und ich habe gerade in dieser Beziehung festgestellt, dass es ein Gewinn sein kann, wenn das bewusst über mehrere Stufen geschieht und als etwas Besonderes erlebt wird.

Nach einigen Monaten mußte I.K. aber wieder in die Klinik, und es stellte sich bald heraus, dass eine Operation nicht möglich war und dass die Bestrahlungen bestenfalls die Schmerzen linderten und einen Aufschub ermöglichten.

> *Was hilft mir? Das Vergehn der Zeit*
> *- und ordinäre Tapferkeit*

dichtete Jens Gerlach in einer entsprechenden Situation.

Ich schrieb ihr in dieser Zeit alle Tage. Auch nach meiner eigenen Erfahrung kann man sich in einer Klinik über Post noch freuen, wenn man Besucher gar nicht sehen mag. Und sie haßte es, wenn andere sie in einem reduzierten, gar: bemeitleidenswerten Zustand sahen. Der Stoff zum Schreiben ging mir nie aus - ich erzählte einfach von allem, was ich sah und erlebte, Dienstreisen eingeschlossen; ich schrieb auch in jeder Situation, wenn ich nur ein paar Minuten Zeit hatte, weil ich vielleicht irgendwo warten musste. Je seltener man schreibt, umso weniger weiß man zu sagen, das scheint ein Gesetz zu sein. Was ist schon noch wichtig, wenn es einen Monat her ist? Woran erinnert man sich überhaupt noch? Das ist sicher einer der großen Nachteile des hohen Portos - damals kostete ein Brief noch 20 Pfennig! -, dass man sich immer überlegt: "Lohnt es sich? Ist es nicht billiger zu telefonieren?" Aber ein Telefon am Bett, zumal in einem Mehrbettzimmer, ist zwar sehr schön, aber nicht dasselbe wie Briefe, schon weil alle mithören - und weil man auf jeden Satz sofort reagieren muss.

Nach einer Weile, als es I.K. etwas besser ging und sie beschlossen hatte, sich nicht sinken zu lassen, sondern noch einmal den Kampf aufzunehmen, antwortete sie auch. Bei der Liegekur auf dem Balkon "dachte sie in Kladde", wie sie sagte, und später brachte sie die Gedanken zu Papier.

Manchmal gab sie mir den Brief einfach, wenn ich sie besuchte. In diesen Wochen, es war wohl bald ein Vierteljahr, kamen wir uns sehr nahe. Schließlich konnte sie vorsichtig aufstehen und an meinem Arm auf dem Flur auf und ab gehen, und dann wurde sie noch einmal entlassen.

Wir wohnten nur zehn Minuten voneinander entfernt, und von der Universität war es nur ein kleiner Umweg, so besuchte ich sie oft, wenn auch manchmal nur für Minuten. An Besuchern fehlte es ihr nicht - sie brauchte einen Terminkalender, um alle unterzubringen, ohne selbst völlig erschöpft zu werden. Denn sie konnte gut zuhören und hatte, wie ich nach und nach merkte, Bekannte der verschiedensten Art mit sicherlich höchst unterschiedlichen Problemen - alle konnten ihres Interesses und ihrer Verschwiegenheit sicher sein. Mit Ratschlägen hielt sie sich dagegen zurück.

Auch ich hatte damals andere als fachliche Probleme - gerade in dieser Zeit lernte ich Jakob Qu. näher kennen (nennen wir ihn einfach so), und es begann eine Beziehung, von der außer den beiden

208

Beteiligten und I.K. jedenfalls von mir niemand erfahren hat - und ich werde mich auch jetzt nicht in Indiskretionen ergehen. Zwar hat Ovid gesagt: *"Liebe und Husten lassen sich nicht verbergen"* - aber ich glaube, dieser Fall war eine Ausnahme von der Regel. Vermutlich lag das vor allem daran, dass mindestens mir die meisten Menschen leidenschaftliche Gefühle oder gar eine Liaison überhaupt nicht zutrauten. Im Gegensatz zu Brigitte Reimann, die sich in ihren Tagebüchern mehrfach bitter beklagt, dass ihre Schriftstellerkollegen sie nicht als intelligenten Menschen, sondern in erster Linie als attraktive Frau sahen, war ich Zeit meines Lebens für andere fast immer ein intelligenter, unter Umständen auch verständnisvoller Mensch, aber sozusagen nicht "typisch weiblich". Als Kollegin und vor allem als Vorgesetzte ist das ein entscheidender Vorteil, würde ich sagen - in der Freizeit hat es seine Nachteile. - Aber sicherlich war es auf die Dauer auch nur möglich, der Neugier ein Schnippchen zu schlagen, weil Jakob und ich nicht in der gleichen Stadt zu Hause waren, schon gar nicht im gleichen Betrieb arbeiteten, uns meistens an neutralen Orten trafen, keine verfänglichen Briefe à la Effi Briest schrieben, geschweige denn umherliegen ließen - und uns in Gegenwart anderer unverdrossen siezten.

Unsere Zeit miteinander rechnete nach Stunden, nicht nach Tagen. Aber Jakob verstand es, dann genauso voll anwesend zu sein, wie in einer entscheidenden Verhandlung, und das wollte viel heißen... Nichtsdestoweniger - ich hatte mir die Rahmenbedingungen der Liebe etwas anders vorgestellt, wenn ich das so sagen darf. Ich brauchte eine ziemlich lange Bedenkzeit. Diskretion und Vorsicht sind schön und gut, aber man sollte auch überraschende Wendungen ins Auge fassen. Fontane hat es vor hundert Jahren (in "Irrungen und Wirrungen") ganz richtig gesehen: Es kann Gründe geben, sich über geltende Moralvorstellungen hinwegzusetzen. Aber man muss dann auch bereit sein, den Preis zu zahlen, wenn's drauf ankommt. Die Moralvorstellungen mögen heute weniger rigide sein als zu Fontanes Zeiten - der Preis kann trotzdem ganz schön hoch werden - und auch Dritte müssen manchmal zahlen...

Nachtrag: Eben, 1997, lese ich einen Vers von Erich Fried, Teil eines Gedichts, das ich nicht kenne, der das Problem in unvergleichlicher Kürze zusammenfaßt:

> *Es ist Unglück*
> *sagt die Berechnung*
> *Es ist nichts als Schmerz*
> *sagt die Angst*
> *Es ist aussichtslos*
> *sagt die Einsicht*
> *Es ist was es ist*
> *sagt die Liebe*

Genauso war's.

Das Überraschende bei Inna, die schließlich derselbe Jahrgang wie meine Mutter war, lag in ihrer absoluten Unschockierbarkeit. Und: Sie sah die Probleme ihrer Mitmenschen mit Anteilnahme, aber sie identifizierte sich nicht damit und urteilte nicht oder höchst zurückhaltend. Meine Mutter konnte das übrigens auch - bei anderen. Wenn ich dagegen betroffen war, regte sie sich auf, was sicherlich nur zu verständlich ist. Aber ich fand es sehr wohltuend, zwar ernst, aber nicht tragisch genommen zu werden mit meinem Problem - das zu Innas Lebzeiten ein offenes Problem blieb und von der zunehmenden Sorge um sie bald völlig in den Hintergrund gedrängt wurde.

EXKURS ÜBER DAS STERBEN

Wir standen uns wirklich nahe in diesen letzten Monaten - aber über ihre Krankheit und deren absehbares Ende sprachen wir nie. Sie fing nicht davon an, und ich traute mich nicht, von mir aus die Rede darauf zu bringen. Als meine Großmutter an Krebs starb, war ich noch zu klein gewesen, und später hatte ich zu dieser Krankheit noch keinen so nahen Kontakt gehabt - ich war mir bis fast zuletzt nicht völlig sicher, dass Innas Rückenbeschwerden wirklich damit zusammenhingen. Sie hatte keine Verwandten, mindestens nicht in Rostock, und wie die Ärzte sind, bekommt ein Nichtverwandter nur unter ganz besonderen Umständen eine handfeste Auskunft - ich hatte keine Chance.

Die alte Dame, mit der sie die Wohnung teilte, wollte es gar nicht so genau wissen, weil sie fürchtete, ihrer Freundin dann nicht mehr unbefangen gegenübertreten zu können. Inna hat also alles allein mit sich ausgemacht - 1964 war Sterben noch ein Tabuthema. „Nachdenken über Christa T." von Christa Wolf erschien erst nach 1969, das Buch über das Leben einer jungen Frau und ihren Tod an Leukämie. Ich habe es inzwischen mindestens siebenmal gelesen und hatte niemals das Gefühl, dass Christa T. "gescheitert" sei (wie das Harenberg Literatur-Lexikon behauptet) - sie hatte ja intensiv gelebt, und sie lebte in den Gedanken anderer, nicht nur in denen der Erzählerin weiter - was kann irgendjemand mehr erreichen? Christa T. hatte manche Pläne nicht verwirklicht - aber das hatte Goethe auch nicht, und der starb mit 82... Ist es nicht eher bedrückend, wenn jemandes Kreativität mit 40 am Ende ist und er dann noch 30 Jahre länger existiert? Aber die DDR-Oberen müssen wohl mit dem Harenberg einer Ansicht gewesen sein, denn sie behinderten das Erscheinen und die Verbreitung des Buches in der DDR nach Kräften. Bei uns scheiterte "man" eben nicht - und wenn wir uns die ZK-Mitglieder der "Endzeit" ansehen, dann zählte für eine ganze Reihe von ihnen offenbar ein langes Leben an sich schon als Erfolg.

Natürlich geht einem der Tod dieser jungen Mutter nahe - das Leben ist eben nicht gerecht oder auch nur ausgewogen. Jedem von uns fallen Menschen ein, bei denen es für die Welt besser gewesen wäre, sie wären am frühen Kindstod gestorben und hätten z.B. nicht in die Politik gehen können, und andere, bei denen man klagt: Zu früh! Welcher vernünftige Mensch aber würde nicht lieber zur zweiten Kategorie gehören? Und gewiss hat Christa T. Schwierigkeiten, ihren Platz im Leben zu finden - aber ist sie nicht auf dem richtigen Weg? Na gut - ich bin kein Germanist und kann mich mit meiner Lesart auch irren.

Jedenfalls trug dieses Buch, was immer auch Christa Wolfs Absicht damit war, dazu bei, das Sterben ins Gespräch zu bringen, auch im medizinischen Bereich. Denn dort war die Hilflosigkeit

dem gegenüber, was man als „Misserfolg der ärzt-
lichen Bemühungen" zu sehen geneigt war, sehr
verbreitet, und eine Ausbildung im Umgang mit
Sterbenden gab es überhaupt nicht. Erst in den
siebziger Jahren gab es da einen Durchbruch - ich
besinne mich auf das Buch einer Philosophin und
eines Mediziners, in welchem das „Sterben in Würde" thematisiert wurde. Darin las ich (sinngemäß)
die folgende Charakterisierung der weit verbreite-
ten Hilflosigkeit: *„Wenn der Kranke sagt, dass er mit
seinen Kindern sprechen möchte, weil es doch wohl mit
ihm zu Ende gehe, weiss die Schwester oft nichts Pas-
senderes zu antworten als: 'Na, Opa, jetzt machen wir
Ihnen eine schöne Wärmflasche, und dann ist es gleich
besser!'"*
Ich denke, über diesen Zustand sind inzwischen
doch viele Menschen hinausgekommen - ich wollte schon verallgemeinernd "wir" sagen - aber das
wäre wohl zu optimistisch? Erst 1985 erschien im
Verlag Volk und Gesundheit, Berlin, von Kay Blu-
menthal-Barby, "Wenn ein Mensch stirbt" - ein ausgezeichnetes Büchlein für die Hand von sozusagen jedermann; heutzutage findet man etwas Ein-
schlägiges ohne Mühe. Wir waren in der DDR in
dieser Hinsicht gar nicht so weit hinter der übrigen
Welt zurück, wie ich bisher zu denken geneigt war:
Das Buch der Amerikanerin Elisabeth Kübler-Ross
über die Stufen, in denen ein Mensch (nach ihren
Erfahrungen) dazu kommt, seinen eigenen Tod als
unvermeidlich zu akzeptieren, eins der Standard-

werke der Thanatologie, erschien im gleichen Jahr wie "Nachdenken über Christa T." - ich hätte es mindestens zehn Jahre früher datiert... Und gerade jetzt - 1997 - erfahre ich aus der "Geschichte des Todes" von Philippe Ariès, dass die Praxis, den Kranken möglichst in Unwissenheit über seinen Zustand zu halten, erst auf das Ende des 19. Jahrhunderts zurückgeht. Er beschreibt auch, unter Zuhilfenahme literarischer Beispiele, wie dabei der Sterbende unter Druck gesetzt wird, so dass er "mitspielt", selbst wenn er oder sie längst fühlt, was auf ihn zukommt.

Ein hochinteressantes Buch insgesamt, aber nicht unbedingt auf dem Krankenbett zu lesen...

Nach wie vor beginnen die meisten Menschen wohl erst dann, über das Thema Tod ernstlich nachzudenken, wenn sie unausweichlich damit konfrontiert sind. Aber dann ist es schon etwas spät, sich eine Strategie zurechtzulegen, und man kann sich nicht darauf verlassen, dass einem die Liebe schon das Richtige eingeben wird. Nicht nur die praktische Krankenpflege will gelernt sein, auch auf ein Gespräch mit Schwerkranken kann, sollte man sich innerlich vorbereiten. Denn besonders, wenn der Kranke es selber sucht, kann es nicht richtig sein, es so abzubiegen wie die Schwester in dem Beispiel oben. Ein "Standardverhalten" kann es nicht geben: Wenn ein Patient es offenbar gar nicht so genau wissen möchte, wird man es sich sehr gut überlegen müssen, ob und in welchem Umfang es notwendig ist, ihn/sie aufzuklären. Aber jemanden aussprechen zu lassen, was für Wünsche oder Befürchtungen ihm (oder ihr) auf der Seele liegen, kann nur wohltuend wirken und vorhandene Genesungschancen in keiner Weise verschlechtern, im Gegenteil. Kein Kranker wird mit jedem Besucher über existentielle Probleme reden wollen - Gott behüte, dass man sich da aufdrängt! Aber ich habe selbst erfahren, dass manche Menschen lieber (zunächst) mit einem relativ Außenstehenden sprechen, als mit nahen Angehörigen, deren emotionale Instabilität sie vielleicht kennen und fürchten. Auch, was für eine Erleichterung es für den Patienten sein kann, das eigene Problem von jemandem anerkannt und nicht bagatellisiert zu finden. Es braucht ja nicht so weit zu kommen, daß der Kranke noch den Arzt trösten muss!

Im Winter 1962/63 sah es eine Weile so aus, als ginge es mit Inna doch aufwärts, sie konnte zu Hause auf dem Sofa liegen - einmal konnte ich sogar mit ihr ein Stückchen im Schnee spazieren gehen - aber kurz nach Weihnachten kam ein neuer Schub der Krankheit, bald konnte sie das Bett gar nicht mehr verlassen -, zum Schreiben hatte sie keine Kraft mehr, und bald war sie auch zu schwach, um meine Zeilen noch zu lesen - ich entsinne mich, wie ich einmal im (wie dazumal stets) überfüllten Bus von der Chirurgie nach Hause fuhr; die Tränen liefen mir über das Gesicht und ich dachte immer nur: "Wie schrecklich, wenn man einem Menschen nur noch einen baldigen Tod wünschen kann!" Aber da dauerte es immer noch mehrere Wochen.

Ich konnte mich meiner Trauer nicht ungehemmt überlassen - ich war ja zu Hause nie allein. Bei uns in der Familie war Weinen auch nicht üblich ...

Ich war immer froh, wenn ich der Universität das Arbeitszimmer für mich allein hatte.

Seit dem Tode meines Vaters vor fast zwanzig Jahren hatte mich kein Verlust auch nur annähernd so getroffen. Aber "es war ja schließlich keine Verwandte, sondern nur eine ehemalige Lehrerin" - und ich hatte meine Mutter auch möglichst in diesem Glauben gelassen; sie neigte ein bisschen zur Eifersucht. Es war ganz gut, daß ich damals in die Endphase meiner Habilarbeit kam und mich sehr konzentrieren musste. Bis zu dem erwähnten Sturz vom Rad hatte ich das Wesentliche gottlob geschafft.

Manchmal habe ich meine Mutter ja ein bisschen *zu* "preußisch" gefunden - aber einerseits erwartete sie von mir nicht mehr, als sie sich selbst zumutete: Wenn ich bedenke, in welchem Gesundheitszustand sie manches Mal den Laden geöffnet und den ganzen Tag die Kunden bedient hat!

Andererseits hatte ich immer wieder Grund, ihr für diese gnadenlose Erziehung zur Disziplin dankbar zu sein. Wer sich nicht selbst antreiben kann, auch wenn er/sie in einer emotionalen Krise steckt, aus dem wird nie ein Wissenschaftler. Begabung allein reicht nicht weit. Das gilt natürlich nicht allein in der Wissenschaft, aber da fällt es vielleicht besonders auf, weil einen normalerweise kein anderer antreibt - nach dem Staatsexamen, spätestens aber nach der Promotion hörte auch in der DDR die „Kümmerei" auf.

Aber dass mir nach abgeschlossener Habilitation nicht nach Feier und Freude zumute war versteht sich nun wohl.

BERLINER UND ANDERE KOLLEGEN

Seit den sechziger Jahren wurde ich öfter einmal zu Konferenzen der Altphilologen und der Altertumswissenschaftler allgemein eingeladen.
Nachwuchskräfte bekamen dafür bereitwillig Urlaub. Herr Professor Irmscher von der Akademie der Wissenschaften (AdW) in (Ost)Berlin hatte in seinem Bereich die motivierende Regelung eingeführt: unbezahlten Urlaub für die Interessierten, Dienstreise mit Spesen für jeden, der einen Vortrag unterbrachte. Er drillte die Seinen auch dazu, die Redezeit, ob es nun 10, 15 oder 20 Minuten waren, akkurat einzuhalten - wie auch er selbst es tat. Ein akademischer Dauerredner (eine dauerredende Frau habe ich nur ein einziges Mal erlebt) ist eine echte Plage. Schon ohnehin, vor allem aber, weil er das Programm ins Wanken bringt und entweder eine Diskussion unmöglich macht oder die nach ihm Sprechenden zu Kürzungen zwingt. Im Allgemeinen sind wissenschaftliche Tagungen zeitlich sehr eng geplant, Nachwuchskader stehen meistens auf den hinteren Plätzen - und die erwischt es dann. Herr Professor Hahn aus Budapest gehörte zu den Sündern - aber er hatte etwas Entwaffnendes, wenn er nach einer Mahnung sagte: "Die Punkte 3d bis 4c müssen Sie dann im Protokoll nachlesen!" und eilig vom Podium kletterte. Er hatte immer etwas Hörenswertes zu sagen und arbeitete sich verständlicherweise nur die Langfassung

für den Protokollband auf Deutsch aus. Aber es gab einen einheimischen Kollegen T. - den habe ich später, als ich selbst Tagungsprogramme machte, prinzipiell als Letzten vor der Mittagspause eingeplant: Wenn er sich dann nicht bremste, verließ ihn das Publikum!

Noch eindrucksvoller als gute Redner - und noch seltener - sind die guten Diskutierer, die zum Gelingen einer Tagung entscheidend beitragen können. Den Althistoriker Franz Altheim (von der Freien Universität Berlin) habe ich noch kurz vor dem Mauerbau auf einer der ersten Tagungen, die ich überhaupt mitmachen durfte, erlebt - wie er in der freundlichsten Weise mit einer Fülle von Fakten einem der Vorredner den Boden unter den Füßen wegzog - das war gekonnt und machte mir gleich klar, wie wichtig es ist, sich möglichst umfassend zu informieren, ehe man loslegt.

A. bereicherte aber auch andere Ausführungen durch weitere Beispiele - er hatte ein stupendes Wissen - ("...aber prüfen Sie jedes seiner Zitate nach!" hatte uns Professor Hartke während des Studiums mit einiger Berechtigung ans Herz gelegt; er neigte auch im Druck zum Zitieren aus dem Gedächtnis....)

Wer nicht in der Lage ist, zu seinem eigenen Forschungsgebiet einen hörenswerten Vortrag in der gewünschten Länge (oder Kürze) zu halten, verdient mindestens einen kräftigen Rüffel seines Vorgesetzten: Notfalls muss man eben so lange mit der

Uhr in der Hand üben, bis es klappt. Aber um eine Diskussion gut zu leiten oder zu fördern, braucht man ein sofort abrufbares und anwendbares Wissen auf vielen Gebieten, muss es auf Anhieb formulieren können und sollte auch eine gewisse Urbanität und Menschenfreundlichkeit nicht vermissen lassen... Von den DDR-Wissenschaftlern war Frau Professor Sellnow, Urgeschichtlerin ihres Zeichens, darin ausgezeichnet.

Ich selbst stellte schnell fest, dass es für einen Methodiker nicht einfach ist, eine Lücke zu finden. Die Fachkollegen interessieren sich in aller Regel nicht für die Probleme der schulischen Umsetzung, und unter den Methodikern spielte der altsprachliche Unterricht eine eher geduldete Randrolle. Da hatte man schon Schwierigkeiten, Artikel unterzubringen, denn in der Zeitschrift "Fremdsprachenunterricht" (FU) war Russisch und allenfalls Englisch Trumpf. Einiges wurde dort immerhin gedruckt. Aber dann hakte es aus: Vorveröffentlichungen zu einer Habilschrift noch vor der Verteidigung waren an der Universität sehr erwünscht - und eine Reaktion von sachkundigen Lesern wäre ja auch unter Umständen hilfreich gewesen. Als ich jedoch versuchte, ein paar Seiten über "Lexikalisches Minimum und Anordnung grammatischer Stoffe im Lateinunterricht" im FU unterzubringen, wurde mir von der Redaktion die Antwort zuteil, sie würden keinen Artikel drucken, der besage, unser Lehrplan sei verbesserungswürdig, denn das könne die Kollegen nur verunsichern. -

Unerwarteterweise erwies sich Professor Irmscher als Retter in der Not. Anscheinend als einziger unter den hochrangigen Altertumswissenschaftlern der DDR hatte er die Gefahr voll erkannt, dass der gesamten Studienrichtung der Boden unter den Füßen weggezogen würde: In der Volksbildung erfuhr das Fach keine Förderung, wurde nur zu oft von Lehrern unterrichtet, die sich aus ihrer Jugend noch dunkel an den Lateinunterricht erinnerten, nie klassische Philologie studiert hatten, aber Stellen blockierten, auf die Absolventen hätten kommen sollen. Außerdem wurde für Latein (von Griechisch ganz zu schweigen) nicht nur nicht geworben, sondern viele Direktoren versuchten Schüler, die sich dafür entscheiden wollten, geradezu abzuschrecken: "Was soll das, du willst doch nicht Pastor werden!" Die Universität, soweit Lateinkenntnisse für ein Studienfach verlangt wurden, fand sich mit dem Stand der Dinge ab und ermöglichte Lateinunterricht im Hochschulrahmen. Dass vor allem eine ganze Reihe Mediziner dabei auf der Strecke blieben, weil sie das Latinum neben all den anderen Fächern nicht schafften und so gar nicht erst zum Physicum zugelassen wurden, störte nicht empfindlich, denn in diesem Fach gab es ohnehin mindestens 10 Bewerber auf den Studienplatz. Und da Sparen auch damals schon groß geschrieben wurde, lag die Frage in der Luft: "Warum bilden wir überhaupt noch Altphilologen aus?" Herrn Professor Irmscher gelang es, um 1963 eine Arbeitsgruppe ins Leben zu rufen, die sich aus Fachvertretern, Altsprachenlehrern bzw. Lektoren aus Schule und Universität, dann auch einem Abgesandten des Ministeriums für Volksbildung zusammensetzte. Ich wurde als Methodikerin herangezogen.

Wir ermittelten den objektiven Bedarf an Latein und Griechischkenntnissen mit Fragebögen und vielen Gesprächen in den Fachbereichen: Nicht nur Theologen und Mediziner, auch Historiker, Sprachwissenschaftler, Pharmakologen, Wissenschaftshistoriker brauchen solche Kenntnisse für die Forschung, mindestens sind sie für die Beherrschung der jeweiligen Fachsprache nützlich. - In mühevoller Kleinarbeit stellten wir ferner fest, wer, wo, mit welcher Qualifikation an den Schulen der Republik Latein und Griechisch unterrichtete - das Ministerium ließ durch seinen Vertreter, Herrn Eckart, erklären, sie hätten keinen Überblick. Ich kann mir sogar vorstellen, dass es stimmte - sie waren gar nicht daran interessiert. Ich konnte einen solchen Überblick für die Bezirke Rostock und Schwerin durch die Schulpraktika der StudentInnen gewinnen. Wir legten ferner fest, wie sich der Lehrplan der Schulen den tatsächlichen Bedürfnissen der Universität und der Allgemeinbildung noch besser anpassen ließe. Vor allem aber versuchten wir, bekannte Wissenschaftler aus anderen Fächern dafür zu gewinnen, sich für das Lateinische und in beschränktem Umfang das Griechische einzusetzen. Es war also eine Arbeitsgruppe mit der Betonung auf "Arbeit", und wir taten unser Bestes - aber insgesamt hielten wir allenfalls die Entwicklung ein bisschen auf, scheint mir.

Herr Professor Irmscher war übrigens Byzantinist, und wenn er auch außer seiner Stellung an der AdW eine Gastprofessur in Halle hatte - es ist immerhin bemerkenswert, dass er und nicht einer der Latinisten oder Gräzisten an den Universitäten diese Sache in Angriff nahm und über Jahre hinweg störrisch weiterführte; denn was ihnen Hemd gewesen wäre, war für ihn bestenfalls Rock, wenn Sie verstehen, was ich meine: Seine Stellung und die seines Fachs war nicht akut gefährdet, die wenigen Spezialisten hätten sich die Byzantinisten zur Not selbst herangebildet, und eine Gesamtabschaffung drohte ihnen am allerwenigsten: wegen der Beziehung des alten Byzanz zur russischen Geschichte... Allerdings unterstand die Akademie einem anderen Ministerium als die Universitäten, vielleicht nützte das.

Nach einer unserer Sitzungen fand ich Gelegenheit, Professor Irmscher wegen des abgelehnten Artikels zu konsultieren. Ich sehe die Szene noch vor mir: Wir saßen an einem kleinen runden Tisch in seinem Büro. Mit der Rechten zeichnete er einen Stapel Briefe ab (und korrigierte gelegentlich einen Tippfehler) - und mit der linken Hand klopfte er mir beruhigend auf die Schulter - beruhigend, aber nicht geistesabwesend, wie ich zuerst dachte. Denn als er mit seiner Korrespondenz fertig war, hatte er auch schon die Lösung - er half mir, die Sache im "Altertum" unterzubringen. Das war eine sehr schön ausgestattete, anspruchsvolle populärwissenschaftliche Zeitschrift in Regie der Akademie, die natürlich auch von Fachlehrern genutzt wurde. In der Folgezeit konnte ich dann auch gelegentlich Rezensionen über Lehrbücher für eine italienische Zeitschrift schreiben, in deren Redaktion er ebenfalls saß. Sie wurden zwar nicht bezahlt, das ist mindestens in der Altertumswissenschaft ohnehin nicht üblich, aber man bekam die - in diesem Falle meistens westdeutschen - Bücher, an die ich sonst kaum herangekommen wäre, und sie druckten auch deutschsprachige Artikel: Wie schon erwähnt, sind die meisten altertumswissenschaftlichen Zeitschriften mehrsprachig.

Übrigens hatte Professor Irmscher ein ausgesprochenes Talent dafür, Leute einzuspannen. Einerseits verlangte er von ihnen vorzugsweise Dinge, an denen sie selbst interessiert waren und entsprechend gut machten - er informierte sich also vorher bestens, und andererseits war er unglaublich höflich, schon geradezu liebenswürdig in seinen Briefen und bedankte sich stets für geleistete Arbeit. In letzterer Hinsicht wurden Nachwuchswissenschaftler und Lehrer in der DDR nun wirklich nicht verwöhnt. Bevor ich ihn persönlich kennenlernte, stelle ich ihn mir immer so ähnlich wie Herrn Professor von Lücken vor, mindestens sechzig, weißhaarig und distinguiert. Aber - nichts von wegen "Häuptling Silberlocke". Professor Irmscher war ein bisschen kleiner als ich, eher pausbackig, glattes dunkles Haar nach hinten gekämmt, die Augen hinter dicken Brillengläsern verborgen, (was ihn übrigens nicht hinderte, ein guter Autofahrer zu sein - unter meinen Kollegen damals noch eine Seltenheit!). Und nicht viel über 40. Nicht nur ich fand, dass er gar nicht wie ein Professor, obendrein ein Philologe, aussah und wirkte - eher wie ein Manager oder vielleicht ein Syndikus eines größeren Unternehmens. Vermutlich hätte er sich auch dazu gut geeignet.

Mein Rostocker Kollege Hering sagte einmal, er selbst habe sein Studienfach gleich nach dem Krieg in erster Linie aus Kostengründen gewählt, das heißt: weil es relativ billig war. Philologie war (damals) in sechs Semestern zu schaffen, man hatte keinen großen Aufwand an Lernmitteln (wie in den Naturwissenschaften, für die er sich besonders interessierte) - und man brauchte nicht so unbedingt Verbindungen, um überhaupt im Beruf Fuß fassen zu können, wie z.B. bei der Jurisprudenz in Westdeutschland.
Das Fach, das Aufsteiger aus der Arbeiterklasse oder aus dem Kleinbauerntum zu Kaisers Zeiten und noch in der Weimarer Republik wählten, bei-

nahe wählen mussten, war die Theologie. Dafür trafen die gleichen Kriterien zu wie für Philologie, und außerdem gab es Freitische in wohlhabenden Häusern, wo sich die angehenden Pfarrer mindestens ein- oder zweimal in der Woche satt essen konnten. Die Durststrecke zwischen dem Examen und einer ersten Anstellung überbrückten sie dann meistens als "Hausmeier", das heißt als Privatlehrer auf einem Rittergut oder in einem anderen reichen Hause. Ich hatte noch ältere Kolleginnen in der Schule, die mit leisem Schaudern an diese Periode ihres Lebens zurückdachten - das Dasein als ErzieherIn in einem Privathaushalt war im 20. Jahrhundert wohl nicht wesentlich erfreulicher als zu Hölderlins Zeiten. Die angehenden LehrerInnen (es mussten nicht unbedingt Altphilologinnen sein) litten in den Jahren nach der Inflation ebenso wie heute unter der Anstellungssperre, Frauen noch mehr als Männer; da war das ein Ausweg aus der Arbeitslosigkeit.

Dr. Ibendorff (1900 - 1988 (?)), die nicht bloß eine Frau war, sondern zu allem Unglück auch eine Hüftluxation hatte, wurde in der Nazizeit lange nicht fest angestellt, weil sie nicht zum Bild der gesunden, sportlichen nordischen "Maid" passte, das dem Schulrat vorschwebte - obwohl sie, solange ich bei ihr Unterricht hatte, erst in der Schule, später an der Uni, so gut wie nie wegen Krankheit fehlte, mit Mädchen- wie mit Jungenklassen erfolgreich arbeitete und nicht etwa Disziplinschwierigkeiten hatte. Die Demütigung schmerzte noch, als sie schon über 70 war.

Die einzige Frau außer mir in der Arbeitsgemeinschaft war Frau Dr. Becher, die "Cheflektorin" für Latein an der Karl-Marx-Universität in Leipzig, wenn man das so nennen kann, später ebenso wie ich a.o. Professorin. Sie war eine Spezialistin für Mythologie, und die einschlägigen Artikel im "Meyer" und anderen Nachschlagewerken der DDR sind fast alle von ihr.

VERÄNDERUNGEN IN ROSTOCK

Als Dozentin kam ich ins Institut für Klassische Philologie zurück, und nach dem Weggang von Herrn Professor Häseler nach Halle wurde Dr. phil. habil. Wolfgang Hering auf diese Professur berufen. Er hatte sich 1960 mit einer Arbeit über Caesar habilitiert - genaugenommen über die handschriftliche Überlieferung von Caesars Buch über den Gallischen Krieg - und hat kurz vor seinem Tode 1987 noch eine neue lateinische Ausgabe dieses Werkes auf der Grundlage seiner Forschungen fertiggestellt.

Der Zeitabstand wurde so groß, weil er zu diesem Zweck u.a. in Paris einige Handschriften vergleichen musste. Die Obrigkeit aber konnte oder wollte einfach nicht begreifen, dass es nicht genügen sollte, wenn er sich eine Fotokopie kommen ließe. Das genügt aber in komplizierten Fällen wirklich nicht, denn ob z.B. an einer Stelle radiert (die heißt: geschabt) worden ist, wird auch auf einem guten Foto nicht immer deutlich - und bei den alten Texten geht es eben vielfach um einen Buchstaben... Es war eine "unendliche Geschichte" - und obwohl Professor Hering sich zäh durch alle Instanzen kämpfte, langte ihm dieser eine Versuch, und er verlegte für die Zukunft sein Forschungsgebiet von der Paläographie (der Handschriftenkunde) auf die Interpretation von antiker Lyrik. Das war ein Verlust für die Wissenschaft - denn gute Herausgeber antiker Texte sind dünn gesät, längst nicht jeder kann das lernen, dazu gehört schon eine besondere Begabung. Er selbst fand aber auch auf dem neuen Gebiet interessante Aufgaben. Professor Hering ist als einziger meiner Altersgenossen an der Universität - er war ein halbes Jahr jünger als ich - noch vor 1989 gestorben. Es wird nach all den Veränderungen auch an der Universität bald niemanden mehr geben, der sich an ihn erinnert. Ich habe viele Jahre mit ihm zusammengearbeitet, und obwohl ich nie in seiner Familie verkehrt habe, kannte ich ihn doch ganz gut, respektierte und mochte ihn. Einen gewissen Respekt konnte ihm niemand versagen, er war ein ausgewiesener Gelehrter, er ertrug seine schmerzhafte bechterewsche Krankheit ohne ein Wort der Klage und arbeitete ihr zum Trotz unermüdlich weiter. Und dennoch erschien z.B. kurz vor seiner Berufung Herr Lehmann bei mir um vorzufühlen, ob ich mich nicht statt seiner um die Professur bewerben könnte! (Dabei war er bereits habilitiert und ich hatte das noch vor mir!) Das lag sicher daran, daß man ihn in der Universitätsleitung - vielleicht auch speziell in der Parteileitung, ich weiß nicht, wer eigentlich "Tedeltudel" vorgeschickt hatte - nicht mochte, denn es gab keinen Zweifel, dass Hering fachlich bestens qualifiziert war, und das sagte ich auch und winkte gleich ab. Irgendwie war der Vorfall aber kennzeichnend. Abgesehen davon, dass Leute, die selbst nie krank waren, manchmal (leider auch Akademiker) geradezu vor einem Kranken zurückschaudern und sich in seiner Gegenwart unbehaglich fühlen, fand so mancher ihn "undurchsichtig" .

Professor Herings Artikel waren wirklich nicht jedermanns Geschmack: Er war immer bestrebt, kein Wort zuviel zu schreiben. Das gelang ihm auch, aber es machte die Lektüre nicht einfacher. Bei einem Mathematiker hätte man das fast natürlich gefunden, ihm nahm man's übel. Zumal Klassikerzitate - Sie wissen schon - bei ihm extrem selten waren, wenn sie überhaupt vorkamen. Das Absurde dabei war, dass er den dialektischen und historischen Materialismus nicht etwa in Bausch und Bogen ablehnte. Aber er fand - und ich kann ihm nur zustimmen -, ein Ergebnis, eine Methode seien doch nicht schon deshalb richtig, weil sie von Marx oder Engels stammten. Sondern man prüfe das Vorgefundene in jedem Falle gründlich, und wenn es sich bestätige, baue man darauf weiter. In der klassischen Philologie konnte es gar nicht darum gehen, Forschungsergebnisse von Marx oder Engels zu übernehmen: Sie haben auf diesem Gebiet nicht geforscht. Sondern die Methoden und die philosophischen Grundlagen ihrer Arbeit sind interessant. Hering hat sich z.B. mit den marxistischen Positionen zum Verhältnis von Inhalt und Form beschäftigt und seine Ergebnisse u.a. in dem Buch "Die Dialektik von Inhalt und Form bei Horaz" (1976) niedergelegt, mit erstaunlichen Ergebnissen, die allerdings im Ausland eher Anerkennung fanden als in der DDR. Er war mit Zitaten - auch neuerer Autoren - überhaupt höchst sparsam, vielleicht zu sparsam; aber die dogmatische Zitiermethode, mit der sich nicht nur Journalisten, sondern auch Wissenschaftler nicht selten sozusagen von Absatz zu Absatz abzusichern trachteten, ging ihm halt ganz besonders auf die Nerven.

Ein Diplomat war an Professor Hering nicht verloren gegangen- und so hatte er es mit guten Ideen besonders schwer. Einer der wohlwollenderen Kollegen nannte ihn mal einen "steilen Charakter". Aber er war sozusagen einer der geistigen Väter (der andere war ein Verleger) der "Bibliothek der Antike", einer Reihe kommentierter Übersetzungen aus dem Lateinischen und Griechischen, die in Ost und West guten Erfolg hatte, und an der auch Herr Dr. Krenkel und ich mitarbeiteten. Er schaffte es, ehe andere überhaupt an eine Sektionsbildung dachten, die verschiedenen mit der Altertumswissenschaft befassten kleinen Institute in Rostock (Klassische Philologie, Alte Geschichte, Archäologie) zu einem Institut für Altertumswissenschaften zusammenzufassen. Das erhöhte ihr Gewicht im Rahmen der Fakultät und erlaubte eine rationellere Nutzung der immer knapperen Bibliotheksmittel, weil dadurch Doppelanschaffungen vermieden werden konnten. Vor allem aber hatte er die Idee für die "Rostocker Kolloquien". Das waren Zusammenkünfte von Wissenschaftlern über die engen

Fachgrenzen hinweg, bei denen Fragen der Methode im Mittelpunkt standen. Es wurden auch Römischrechtler, Indologen, Aegyptologen, Urgeschichtler, eben Vertreter von verwandten Disziplinen, eingeladen, aber die Gesamtzahl war stets auf ca. 50 beschränkt, und es wurde streng darauf gehalten, dass Zeit genug zur Diskussion blieb. Wir führten die Veranstaltung seit der zweiten Tagung stets im Winter in Heiligendamm durch, so, dass wir nicht nur gemeinsam tagten, sondern auch zusammen die Mahlzeiten einnahmen; und da man nach Rostock nur mit einigen Schwierigkeiten gelangte, blieben die Teilnehmer auch in der Freizeit meistens beisammen, so dass es zu wirklich ausgiebigen Gesprächen kam. Es waren stets ausländische Gäste dabei, der eine oder andere sogar aus dem "NSA" - dem nicht-sozialistischen Ausland. Aus der BRD jemanden einladen zu dürfen war nach 1961 beinahe unmöglich. Es war kein "Alleingang", sondern ein Unternehmen, in das alle Rostocker Altertumswissenschaftler einbezogen waren, und das zunächst auch nach seinem Tode weiter florierte. Die Tagungen erfreuten sich großer Beliebtheit, weil man dabei eben auch mit Kollegen von Nachbardisziplinen zusammentraf und diskutieren konnte, zu denen man sonst kaum Kontakt hatte. Leider war das offenbar eine Tradition, an der die neuen Kollegen aus den alten Bundesländern keinen Gefallen fanden, denn nach der Wende hat es nur noch eine solche Tagung - übrigens wieder mit großem Erfolg - gegeben.

Obwohl Professor Hering also bei nicht wenigen Kollegen im Rufe eines Eigenbrötlers stand, zeigen diese Beispiele, die ich noch vermehren könnte, dass er über das eigene, engere Fachgebiet hinaus dachte und die Interessen seiner Kollegen und des gesamten Bereichs sehr wohl im Auge hatte. Nun ja - die einheimischen Kollegen sind nicht alles: Seine Frau war die charmanteste und umworbenste Studentin ihres Studienjahres gewesen, und er hatte ganz offenbar gute Freunde beispielsweise in Ungarn und Italien, die ihn als Wissenschaftler und als Menschen gleichermaßen schätzten.

KOLLEGIALER KLEINKRIEG

Intriganten und Wichtigtuer gibt es immer, und wenn jemand eine Stelle für sich freimachen möchte, braucht das gar nicht persönlich gegen den Betroffenen gerichtet zu sein.

Mich hat auch ein oder zweimal jemand "abzuschießen" oder zu verdächtigen versucht, aber jedesmal fand sich (mindestens) ein Ritter unter den Genossen, der meine Sache energisch und erfolgreich vertrat, ehe ich selbst noch davon erfuhr. Einmal versuchte der Russischmethodiker meine Stelle für sein Fach zu kassieren - und Anton Türmer, genannt Antoscha, der Vorsitzende der Fakultäts-Gewerkschaftsleitung, machte sich sofort nach Berlin auf und bog die Sache ab. Ein anderes Mal hatte mich irgendwer subversiver Gesinnung bezichtigt - ich weiß gar nicht mehr, worum es eigentlich ging, aber so etwas konnte ja ins Auge gehen - und anscheinend verbürgten sich gleich zwei Leute für mein Nicht-konspiratives Naturell - "... das weiß doch jeder, dass die Kollegin H. alles, was sie nicht in Ordnung findet, direkt bei dem Betreffenden anspricht!" - und die Sache wurde fallen gelassen. Ich war nicht dabei und die Beteiligten erzählten mir nichts - die Geschichte erreichte mich groteskerweise über unsere Hausschneiderin (so etwas gab es damals noch!), die auch Kundinnen in meinem beruflichen Umfeld hatte, aber - zu ihrer Ehre sei es gesagt - nie von Haus zu Haus Klatsch verbreitete. In diesem Falle fühlte sie sich jedoch ver-pflichtet, mich zu warnen. Es ging ihr offenbar bei manchen Kundinnen wie weiland den römischen Sklaven: Man übersah sie völlig und vergaß, daß sie Ohren hatte. -

Aller guten Dinge sind drei - eine unbehagliche Situation gab es bei einer der schon erwähnten von mir zu organisierenden Weihnachtsfeiern. Ich hatte eine kurze (ganz kurze!) Eröffnungsansprache gehalten, in der das Wort "Heiligabend" vorgekommen war. Kaum war der letzte Gast gegangen, da kam schon die Genossin S. aus der Russischmethodik auf mich zu (von ihr konnte jedenfalls niemand sagen, dass sie hintenherum tätig wurde, sie war scharf, aber immer direkt) und fing an, mich herunterzuputzen, dass ich ein ideologisch belastetes Wort benutzt hätte! Ehe ich mich noch von meiner Verblüffung erholt hatte, schaltete sich Frau Dr. Nathan von der Anglistik ein, die bei der Vorbereitung des Festes geholfen hatte: "Genossin S. - solange in der Hauptstadt der DDR ein Stück mit dem Titel: >Und das am Heiligabend!< wochenlang erfolgreich läuft, können wir dies Thema doch wohl fallen lassen!" Und so geschah es.

DIE 3. HOCHSCHULREFORM (1968)
UND IHRE FOLGEN

Die Methodenkonferenzen und die von Herrn Dr. Zimmermann ausgestatteten und oft auch redigierten altertumswissenschaftlichen Bände der Universitätszeitschrift (vgl. Abbildung), die in aller Welt gegen andere Bücher getauscht werden konnten, wurden besonders wichtig für die Rostocker Altertumswissenschaftler, als die 3. Hochschulreform über uns hinweggegangen war und uns als einen Wissenschaftsbereich der nunmehrigen Sektion Geschichte sozusagen ans Land gespült hatte. Wir wurden damals verstärkt durch den Urgeschichtler Herrn Dr. Wüstemann und bildeten nunmehr einen "Wissenschaftsbereich" der Sektion; ich weiß nicht, ob wir auch eine "Forschungsgruppe" sein sollten - aber wir hatten nie ein gemeinsames Forschungsthema.

Es ging - nach Meyers Universallexikon von 1979 - um die *"Erhöhung der Effektivität und Qualität der Erziehung, Aus- und Weiterbildung hochschulgebildeter sozialistischer Kader, des Niveaus und der Praxiswirksamkeit der Forschungsergebnisse (besonders durch Gemeinschaftsarbeit und schnelle Überführung in die Praxis); planmäßige Verflechtung des Hochschulwesens mit der gesellschaftlichen Praxis; weitere Entwicklung der sozialistischen Demokratie und Vervollkommnung der Struktur der Hochschulen durch die Bildung von Sektionen, gesellschaftlichen Räten und wissenschaftli-*

chen Räten an allen Universitäten und Hochschulen",
und diese Umstrukturierung fand im Jahre 1968
statt, zog sich aber eine Weile hin.

Ich bin in keiner Weise befähigt, eine umfassende,
objektive Einschätzung dieser Reform zu geben.
Sie wirkte sich meiner Meinung nach im techni-
schen Bereich anders - günstiger - aus als im gei-
steswissenschaftlichen. Dort brachte die Schaffung
größerer Einheiten, zum Teil verbunden mit der
Konzentration von Maschinen und Technik allgemein, einen einsehbaren Nutzen. Besonders für die
Sektion Schiffstechnik und die Werften könnte die
engere Verbindung durchaus von Vorteil gewesen
sein. In der Landwirtschaft wurde z.B. die Tierproduktion in Halle, die Pflanzenproduktion in Leipzig konzentriert und die Spezialisten entsprechend
umgesetzt. Rostock erhielt, wenn ich das richtig
sehe, auf diesem Gebiet mehr Studenten als vorher,
hier stand speziell das Meliorationswesen im Mittelpunkt. Aber die strenge Trennung von Pflanzen-
und Tierproduktion, die in der Praxis schon früher
eingeführt worden war als an der Universität, erwies sich dann doch als problematisch. Im medizinischen Bereich gab es hinfort nicht mehr eine Me-
dizinische Fakultät, sondern einen Bereich Medizin
- aber wieviel sich mit dem Namenswechsel änderte, wird ja wohl ein Fachmann irgendwo berichten
oder berichtet haben.

Was die Altertumswissenschaften anging, so hatten wir die optimale Konzentration ja bereits hinter

uns - aber wir waren absolut zu wenige: Professor Hering und Dr. Krenkel in der Philologie, Herr Dr. Zimmermann und der bereits emeritierte Professor von Lücken in der Archäologie, Herr Dr. Kühne in der Alten Geschichte und ich in der Methodik - dazu eine Bibliothekarin und eine Sekretärin - solche Bereiche erhielten das Prädikat "Orchideenfächer" - zumal die Studentenzahlen niedrig und von uns nicht zu steigern waren, denn die Zulassungen richteten sich nach dem vermuteten Bedarf. Niederschmetternd von unserem Standpunkt aus war die Konzentration der Ausbildung in klassischer Philologie (Lehrer und ab und an ein Diplomand) und Archäologie in Halle und Jena. Mindestens ich bemühte mich intensiv, dorthin zu kommen, wo es Studenten gab, zumal weder in Halle noch in Jena ein habilitierter Methodiker war - vergeblich. Bei uns lief die Ausbildung aus, und nach 1971 hatten wir 12 Jahre keine immatrikulierten Studenten mehr.

Der Gedanke, uns Wissenschaftler als überflüssig einfach "abzuwickeln", was heutzutage zu denken naheliegt, wurde damals nicht laut, aber unsere Lage war trotzdem unerfreulich. Wir wurden der Sektion Geschichte zugeschlagen wie auch die Musikwissenschaft - Herr Professor Hering hatte sich dafür sogar eingesetzt, weil er fand, die Altertumswissenschaften passten dort am besten hin. Auf diese Weise blieben die Mitarbeiter und, was eigentlich ebenso wichtig war, die Bücher der Handbibliotheken beisammen. Die Lösungen waren an den übrigen Universitäten unterschiedlich. Jena und Halle, die wesentlich mehr Mitarbeiter hatten (die Universitäten dort sind ja überhaupt größer), bekamen Sektionen "Altertumswissenschaften" unter Einschluss der Fachrichtungen Vorderer Orient und Alte Geschichte; in Leipzig kamen die Althistoriker zur Sektion Geschichte, die Philologen zu den übrigen Sprachen und die Archäologen zur Kunstgeschichte; auch an der Humboldt-Universität wurden alle verstreut.

Die Sektion Geschichte mit Herrn Professor Heitz an der Spitze war über den unerwarteten Zuwachs zunächst keineswegs erfreut. Zu allem Unglück erhielt Professor Hering gerade in diesem Augenblick einen Kurplatz in Pistenyi (Slowakei), und nach einer mündlichen Absprache mit Professor Heitz betraute er mich mit seiner Vertretung und verschwand für gute drei Wochen ins (damals praktisch) Unerreichbare, ohne ein Protokoll zu hinterlassen oder auch nur zu haben. Was die beiden damals wirklich vereinbart hatten, ließ sich nachträglich nicht mehr beweisen - aber Frau Rühl, unsere Sektretärin, wurde sofort in die Sektion umgesetzt, auch für die Bibliothekarin hatte man Verwendung, und zuerst sollten die wissenschaftlichen Mitarbeiter sogar in das damalige Sektionsgebäude Wilhelm-Külz-Platz/Ecke Thomas-Mann-Straße umziehen, während einige der Geschichtsbereiche unsere Räume im Hauptgebäude "anpeilten". Wir kämpften wie die Löwen und schließlich einigermaßen erfolgreich um die Bibliotheksräume: das Hauptgebäude ist innerlich aus Stahlbeton, unsere Bücher stehen fast 4 m hoch an den Wänden, teilweise sogar quer im Raum - man hätte die Bibliothek nun und nimmer in der Villa am Külzplatz untergebracht, eher wären dort die Fußböden durchgebrochen.

Die Universitätsbibliothek hatte aber auch keinen Platz mehr - und uns stand das schreckliche Beispiel der juristischen Bibliothek vor Augen, die in einem Raum gestapelt(!) und für Benutzer unzugänglich war, seit Rostock keine juristische Fakultät mehr hatte.

Wir rückten zusammen, ein Bereich mit wenigen Büchern und relativ vielen Mitarbeitern zog in zwei der großen Räume ein - und nach etlichen Monaten wieder aus, denn es war damals im Hauptgebäude im Winter eklig kalt... Es wurde noch mehrfach rangiert, aber daran erinnere ich mich nicht mehr.

Da saßen wir nun und hatten keine Studenten. Das ist für einen Hochschullehrer ein schrecklicher Zustand - wer sich als "reiner Forscher" fühlt, strebt gleich an eine Akademie, nicht an die Universität. Herr Dr. Krenkel besann sich schleunigst darauf, dass er Anglist im zweiten Fach war und setzte sich ab in das damalige Sprachenlektorat, wo er hauptsächlich Graduierte konferenzfähig machte und außerdem seine Forschungen auf altertumswissenschaftlichem Gebiet erfolgreich weiter betrieb. Herr Dr. Zimmermann war einer der wenigen Feldarchäologen, die die DDR auf dem Gebiet des Klassischen Altertums hatte, und verbrachte die Universitätsferien meistens ausgrabenderweise in Rumänien - es war ein großer Erfolg, dass er als Ausländer dort sogar ein eigenes Verantwortungsgebiet bei der Ausgrabung von Histria erhielt. An der Universität hielt er Vorlesungen für Hörer aller Sektionen, ganz anders, aber genauso erfolgreich wie vor ihm Herr Professor von Lücken. Ich war zunächst kreuzunglücklich, mehr als je zuvor oder danach in meinem Leben, denn auch wenn man ohne eigenes Verschulden eine Aufgabe verliert, kommt man sich entwertet vor - selbst wenn einem das Gehalt weiter gezahlt wird. Die Lage wurde dadurch noch prekärer, dass die Musikwissenschaftler (drei an der Zahl) und wir Altertumswissenschaftler bis auf Herrn Dr. Kühne allesamt parteilos waren, während die Historiker praktisch alle der SED angehörten, damals sogar auch die Studenten bis auf wenige Ausnahmen. Wir hatten mindestens den Eindruck, dass sie uns nicht trauten; und dieser Eindruck wurde noch verstärkt, als eine Einladung zu einem Kongress im NSA (nichtsozialistischen Ausland), an dem einem von uns sehr viel lag, nie bearbeitet wurde und dann verschwunden war und blieb. Nach den Unstimmigkeiten bei der Übernahme sahen wir das als böse Absicht an. Nach genau einem Jahr allerdings fand der SD (Sektionsdirektor) das vermisste Schreiben bei der Überarbeitung seiner Vorlesung wieder; er hatte es als Lesezeichen in ein Buch gesteckt, als er mit dem vorigen Jahrgang an derselben Stelle war und gab dies auf der nächsten Sektionsversammlung sogleich bekannt!

Ich versuchte, mich in die Sektion einigermaßen einzufügen und organisierte das Prüfungswesen. Als Prüfungsbeauftragte der Philosophischen Fakultät hatte ich schon in den letzten Jahren, unterstützt von einer ständig zigarettenrauchenden und häufig fehlenden Sachbearbeiterin, die Prüfungsakten der Studenten verwaltet und dafür gesorgt, dass diese ihre Zeugnisse richtig bekamen. Dazu gehörte auch, dass sie rechtzeitig alle ihre Belege für Pflichtkurse etc. beisammen hatten - und dass die Gutachter der Staatsexamensarbeiten (seit 1969: Diplomarbeiten) ebenfalls termingerecht fertig wurden.

Daher kannte ich unter meinen neuen Kollegen etliche hartnäckige Bummler. Da mit der Hochschulreform die alten Fakultäten aufhörten zu existieren (der Name blieb, bezeichnete aber nun etwas anderes), mussten die Sektionen die Akten der bei ihnen im Hauptfach immatrikulierten Studenten selbst verwalten. Ich lernte bei dieser Tätigkeit meine neuen Kollegen besser kennen und setzte mich als eine energische und hartnäckige Eintreiberin ihrer schriftlichen Arbeiten, zu denen auch die Ausfertigung von Prüfungsprotolkollen und

Seminarscheinen gehörten, in Respekt. Bald klappte alles; auch die Zusammenarbeit mit den anderen
Sektionen funktionierte. Die Sachbearbeiterin, Frau
Richter, war wesentlich besser motiviert als ihre
Vorgängerin und bald "genau so hartnäckig wie ihre Chefin", um einen entnervten Kollegen zu zitieren - aber schließlich war das ja zum allgemeinen
Besten. Von "Erhöhung der Effektivität" konnte
man in diesem Bereich allerdings nicht reden, denn
was ich vorher für die Philosophische Fakultät allein verantwortet hatte, darum musste sich in jeder
der vier neuen Sektionen ein Hochschullehrer, jeder mit einer Sachbearbeiterin, kümmern, (Sport-
wissenschaft, Geschichte, Sprach- und Literatur-
wissenschaft, Lateinamerikawissenschaften). Und,
so merkwürdig es klingt, der Verwaltungsaufwand
für 250 Akten ist keineswegs nur ein Viertel von
dem für 1000.

KOLLEKTIVARBEIT

Im Übrigen war ich mit der Arbeit an dem neuen Lateinbuch für den Anfangsunterricht beschäftigt, das auf der Grundlage meiner Habilarbeit entstand und 1971 eingeführt wurde. Meine erste Kollektivarbeit (heute etwa: Teamwork) - und ich hätte sie am liebsten nach den ersten Wochen hingeworfen. Ich bin Professor Hering, der mir eindringlich zuredete, "nicht aufzugeben und durchzusetzen, was eben durchzusetzen ist", heute noch dankbar, dass er mich vor dieser Kurzschlussreaktion bewahrt hat. Denn irgendwie rauften wir uns schließlich zusammen, und das Buch bewährte sich in der Praxis so gut, dass eine leicht bearbeitete Fassung mit neuem Titel mir noch jetzt jährlich einige erfreuliche Tantiemen einbringt. Es wird besonders an Universitäten benutzt.

Damals war der Einstieg für mich sehr schwierig. Zunächst sollten zwei Lehrer, einer nebenamtlich Methodiker an der Universität Halle, meine Arbeit beratend begleiten.

Außerdem waren noch ein sehr sachkundiger Verlagsvertreter, Herr Dr. Kauczor, der schon viele Lateinbücher herausgebracht hatte, und Herr Eckart vom Ministerium im Spiel.

Die beiden Lehrer hatten schon vorher mit dem "Volk und Wissen Verlag" zusammengearbeitet, Alois Pögl hatte sogar das damals gültige Lateinbuch auf der Grundlage eines älteren verfasst. Ich hatte mir überhaupt nicht klargemacht, dass ich in diesem Kreise nicht mit offenen Armen aufgenommen werden *konnte*. Dass ich ihnen so unerwartet aufgedrängt wurde, war ironischerweise ein Erfolg der Hochschulreform - *"schnelle Überführung von Ergebnissen in die Praxis"* - Herr Eckart vom Ministerium kannte mich und meine Arbeit aus der Arbeitsgruppe bei der Akademie.

Ich stolperte schnell genug, denn ich hatte zwar schon Erfahrung mit dem Artikel- und selbst Bücherschreiben, aber nicht speziell mit der Lehrbucharbeit, und mein Entwurf für die ersten Lektionen war formal noch ungeschickt. Obendrein wurde ich erst direkt auf einer Zusammenkunft mit einer seitenlangen negativen Kritik konfrontiert, auf die ich gleich nach dem Hören reagieren musste. Nur wer das schon einmal versucht hat, weiß, wie schwierig es ist. Ich dachte zunächst, es sei eine geplante Gemeinheit, dass mir der Text nicht vorher zugeschickt worden war, - aber später stellte ich fest, dass bei dem Kollegen Kleinert die Termintreue mit seiner beträchtlichen Intelligenz leider auch sonst nicht Schritt hielt - es war wie bei der verlegten Einladung, "nur" Nachlässigkeit gewesen.

Die Kritik war unwohlwollend, aber nicht unberechtigt - ich sah sofort, dass die beiden Herren mir in technischer Hinsicht überlegen waren und auf diese Weise noch so zukunftsträchtige inhaltliche Neuerungen leicht würden blockieren können, wenn das so weiterging. Ich gab mir einen Ruck und sagte: "Meiner Ansicht nach ist heutzutage ohnehin die Erstellung eines Lehrbuchs in Einzelarbeit überholt - ich schlage vor, die beiden Kollegen in die Arbeit direkt einzubeziehen." Das stellte sich insgesamt als eine tragfähige Lösung heraus. Alois Pögl, der in unserer Gruppe die Erarbeitung der Lesestücke übernahm, war zuverlässig wie eine Glashäger Uhr und stellte seine Erfahrung voll in den Dienst der Sache, sobald er die Berechtigung eines Ansatzes akzeptierte, was freilich nie ohne Überzeugungsarbeit geschah und manchmal auch nicht durchzusetzen war. Ich lieferte den Grundstock des Wortschatzes und schrieb die Übungen - alle streng nur lateinisch-deutsch. Jochen Kleinert wurde durch allerlei private Schwierigkeiten, u.a. als alleinerziehender Vater zweier Töchter, behindert, aber die Grammatik kam im letzten Augenblick unter seiner Federführung doch zustande: auch sie war erstmalig konsequent auf das Übersetzen *aus* dem Lateinischen hin konzipiert: das bereitete auch allerlei Kopfzerbrechen, denn es gab keine Vorbilder. Aber das Buch war am Ende auf die denkbar knappste Form gebracht und ermöglichte den Einstieg ins Lateinische in relativ kurzer Zeit.

Statt der beiden jetzigen Mitautoren zogen Ministerium und Verlag zwei weitere Autoren hinzu, die als Gutachter von der ersten Lektion an „mitliefen". Normalerweise wird so ein Buch erst begutachtet, wenn es druckfertig ist; aber das birgt natürlich ein Risiko, falls es zu einem so späten Zeitpunkt kategorisch abgelehnt wird. Dr. Karl Ahrens, ein Studienrat aus Vorkriegszeiten, wohl schon im Ruhestand, aber drahtig und unermüdlich, war "streng", aber "gerecht". Herr Dr. Löwe von der Thomasschule in Leipzig saß außerdem im Redaktionskollegium des "Fremdsprachenunterrichts". Wir beide waren uns auf dem ersten Blick von Herzen unsympathisch. Daran änderte sich im Laufe der Zeit nicht viel, wenn wir schließlich bei der Arbeit auch einigermaßen zurechtkamen - nicht zuletzt ein Verdienst des Genossen Pögl. Der war ein Mensch, von dem ich den Eindruck hatte, er war ein anständiger Charakter nicht "obwohl" er Genosse war, sondern in ebendieser Eigenschaft. Er ließ sich seine Überzeugung etwas kosten: Später erfuhr ich zufällig und nicht etwa von ihm, dass er als Direktor einer EOS zurückgetreten war, weil er eine staatliche Maßnahme gegen einige aufmüpfige Schüler nicht mittragen wollte - konnte. Er war wirklich ein Mann aus einem Guss, und ich schätzte ihn sehr. Er half auch dem Genossen Kleinert in seiner unauffälligen Art durch diese komplizierte Zeit - obwohl er viel jünger war als meine Freundin Inna, beherrschte er die Kunst des Zuhörens ebensogut wie sie, denke ich.

In den Ferien trafen wir uns manchmal für zwei oder drei Tage zu intensivster Arbeit in Leipzig, was für die beiden anderen Autoren und Herrn Dr.

248

Kauczor "pendelnd" zu erreichen war und wo ich immer noch bei Frau Rost für 16 Mark die Nacht (allein im Doppelzimmer) wohnen konnte. Bei diesen Gelegenheiten schafften wir viel und kamen uns auch persönlich näher. Jetzt ging es nur noch um das WIE, und da läßt sich ja stets eine Lösung finden, während mir anfangs oft entgegengeschleudert wurde: "Das kann man nicht machen. Das war noch nie da!", bis ich schließlich sagte: "Wenn unsere Vorfahren ebenso gedacht hätten, schlügen wir uns heute noch gegenseitig mit dem Faustkeil die Köpfe ein!" - Die beiden folgenden Bände des Lehrbuchwerks, bei denen noch der Dresdner Kollege Peter Witzmann mitarbeitete, machten dann schon richtig Spaß - da war von der "Begleitmannschaft" nur noch Herr Dr. Kauczor, der Verlagslektor, dabei, der in sprachlicher Hinsicht auf sehr sicherem Boden stand und bei der Verteilung von Texten über die (Druck)Seiten unübertroffen.

Ich habe später auch andere Bücher gemeinsam mit anderen geschrieben - z.B. eine dreibändige kommentierte deutsche Cicero-Auswahl - und halte Gemeinschaftsarbeit für eine gute Methode. Gerade bei Übersetzungen ist es sehr viel wert, wenn ein zweiter Sprachkundiger den Text mitliest und noch Vorschläge einbringt. Es geht zwar nicht schneller, als wenn man allein arbeitet - im Gegenteil - aber die Qualität gewinnt. Ich war in

diesen Fällen Autorin *und* "begleitende Gutach-
terin" und führte die anderen ein bisschen in die
Arbeitstechnik ein: Sie waren zwar alle tüchtige
Philologen bzw. Althistoriker, aber nur ich hatte als
Übersetzerin schon praktische Erfahrungen gesam-
melt.

Natürlich gab es Diskussionen über Vorschläge -
aber da wir uns als Freunde getrennt haben, ist es
mir vermutlich gelungen, verletzende Formulierungen zu vermeiden. Auch die Zusammenarbeit
mit meiner ehemaligen Lehrerin an Schule und
Universität, Frau Dr. Ibendorff, die in der Cicero-
Ausgabe die Briefauswahl und die Übersetzung
der Briefe besorgte, funktionierte im besten Einver-
nehmen. Aber ich hatte mir in diesem Fall die Mitarbeiter selbst ausgesucht, wir kannten uns vorher,
das war natürlich günstiger als bei meinem ersten
Versuch mit dem Schulbuch.

Eine goldene Regel für solche Zusammenarbeit
möchte ich hier aber anbringen: Ein *Rezensent*
braucht nur zu erklären, weshalb eine Lösung
nicht akzeptabel ist, denn der Verfasser kann an
dem gedruckten Text sowieso nichts mehr ändern.
Mit einer Prüfungsarbeit ist es entsprechend. Ein
Gutachter im Produktionsprozess eines Werkes jedoch sollte möglichst einen Gegenvorschlag machen, wenn er mit einer Formulierung oder einem
Ansatz nicht einverstanden ist. Nur dann ist er/sie
sicher, dass der Autor ihn richtig versteht, liefert
eine brauchbare Grundlage für den Überarbei-

tungsvorgang - und wirkt stimulierend, nicht ver-
ärgernd.

An diesem Punkt kommt mir nachträglich der Gedanke, dass die Lehrer vielleicht deshalb Schwierigkeiten mit dem Begutachten meiner Entwürfe
hatten, weil sie im Lateinunterricht gewohnt waren, Fehler anzustreichen und ein Urteil zu formulieren - aber nicht, Varianten zu diskutieren und
Vorschläge zu unterbreiten! Ob das heute viel anders wäre?

Auch der Aufbau-Verlag beschäftigte damals Lektoren, ebenso wie der Verlag Volk & Wissen. Für
mich war über viele Jahre Herr Wolfgang Ritschel
zuständig. Er überprüfte jede Übersetzung sowohl
auf sachliche Richtigkeit wie auf stilistische Treff-
sicherheit - und ihm entging wirklich nichts, da
konnte ich mich völlig sicher fühlen. Wenn er einen
Abänderungsvorschlag hatte, so zeigte es auf jeden
Fall, dass mein Text missverständlich war, und
wenn ich seine Lösung nicht annehmen konnte, so
dachte ich mir eine dritte Variante aus, die es dann
meistens traf. Über den einleitenden Essay gab es
ebenfalls gründliche Diskussionen, die der Qualität sehr zugute kamen.

Natürlich hat nicht jeder Verlag diese Mühe und
diese Kosten investiert. Wer billige Krimis und
Liebesromane produzierte, verließ sich vermutlich
seit eh und je auf den Übersetzer. Die meisten dieser Bücher sind schon in der Ursprache so schlicht
gestrickt, dass man sie auf einen Notenständer set-

zen und die Übersetzung gleich in die Maschine klappern kann - auf diese Weise hat sich ein ungarischer Kollege sein Haus "zusammengeschrieben". Die Rechtschreibung wurde früher von einem Lektor der Druckerei durchgesehen - heute macht das wohl die Computersoftware, wenn auch nicht ganz so zuverlässig...

Bei anspruchsvollen Romanen und Dichtungen sieht es aber schon anders aus. Es gibt keine im ersten Anlauf fehlerlose Übersetzung eines komplizierten Textes. Ganz leicht passiert es z.B., dass ein Wort ausgelassen wird oder gar eine ganze Zeile beim Abschreiben verloren geht, von sprachlichen Fehlern ganz abgesehen. Ich entsinne mich, dass Will Richter, ein wirklich anerkannter bundesdeutscher Altphilologe, in der Fachzeitschrift "Gnomon" allen Kollegen, die etwa ein Exemplar gekauft hätten, Rücknahme seiner Horaz-Übersetzung gegen Erstattung des Preises anbot, nachdem er die vernichtenden Kritiken gesehen hatte. Auf Drängen des Verlages hatte er das Buch - zu einem runden Geburtstag des berühmten römischen Dichters - übereilt herausgebracht. Ich glaube, er ließ die ganze Auflage auf eigene Kosten einstampfen... Richter war ordentlicher Professor und konnte sich das allenfalls leisten, obwohl es ihm sicher weh getan hat, aber immerhin!

Jetzt gehen selbst wissenschaftliche Verlage mehr und mehr dazu über, von ihren Autoren Buchmanuskripte auf Diskette zu verlangen, komplett mit

Anmerkungen, eben eine richtige durchkorrigierte Druckvorlage. Der Verlag sorgt praktisch nur noch für Einband und Vertrieb. Bei den schöngeistigen Büchern wird es ähnlich sein - aber ich kenne keine Romanautoren persönlich.

Die Leser aber ärgern sich über eine wachsende Zahl von Druckfehlern und - selbst in Hardcover-ausgaben für 40 Mark - auch über erstaunliche Übersetzungsfehler.

WIEDER BODEN UNTER DEN FÜßEN?

Für mich schien die Talsohle durchschritten, als Herr Dr. Kühne völlig überraschend ein Stellenangebot von der Akademie in Berlin bekam und sofort akzeptierte. Die Sektion stand plötzlich ohne Althistoriker da, und ich hatte schon als Schülerin gern Geschichte studieren wollen und war in die Methodik hauptsächlich deswegen hineingekommen, weil gerade jemand gebraucht wurde; so warf ich mich - mit sehr kurzem Anlauf, denn ich musste praktisch sofort mit den Lehrveranstaltungen beginnen - in das neue Fach. Völlig neu war es ja auch wieder nicht, denn meine Ausbildung bei Quell und Hartke hatte eine ganz gute Grundierung gelegt. Und für den Rest: "Wir können ja alle lesen", wie ein späterer junger Kollege in einem ähnlichen Fall sagte.

Es war ein ganz anderes Gefühl, vor 80 bis 100 Studenten eine Vorlesung zu halten als vor den wenigen Altphilologen, denn jede Seminargruppe war jetzt stärker als ein ganzes Studienjahr früher bei uns! Stimmlich hatte ich keine Schwierigkeiten - kompliziert wird es erst, wenn man vor mehr als 200 Leuten spricht, zumal die wenigen großen Räume der Rostocker Uni, vor allem die Aula, keine besonders gute Akustik haben und nicht mikrofonfreundlich sind.

Damals gab es bei uns (nur) die Koppelungen Sport-Geschichte, Geschichte-Germanistik, Geschichte-Musik und Russistik-Geschichte, alle für das Lehrfach. Die Fächerkoppelungen wechselten manchmal, aber das habe ich nicht so behalten. Seit der Hochschulreform begann der Geschichtskurs mit den drei frühen Perioden: Urgeschichte - Alte Geschichte - Feudalismus. Die Vorlesungen setzten alle gleichzeitig im 1. Semester ein. Die Schwierigkeit für die Studenten lag darin, dass sie in aller Regel kaum Vorkenntnisse mitbrachten - in der Schule wurde das alles nur in Klasse 5 bis 7 behandelt und später nicht wieder aufgenommen. Wenn ich also an dem Punkte begann, wo Herr Dr. Wüstemann am Ende des Semesters aufhören würde - bei der Entstehung der ersten Staaten in Vorderasien, so baute ich ein Haus, für welches das Fundament noch nachgereicht werden musste. Entsprechend ging es Herrn Professor Heitz mit den germanischen Königreichen, unter denen der römische Unterbau nun wieder von mir erst Monate später gelegt wurde... Ich habe die ersten Jahre viel bei meinen Kollegen hospitiert, um bei Gelegenheit auf das verweisen zu können, was noch kommen würde. Das klingt heute sicher schon "völlig verschult". Da jeder Student nunmehr seine Fachkoppelungen selbst bestimmt, kann er froh sein, wenn er alle Pflichtveranstaltungen in der Regelstudienzeit *irgendwie* unterbringt - eine bestimmte Reihenfolge in seinen beiden, meistens drei Fächern einzuhalten, schafft da niemand. Schon das bloße Unterbringen kann zum Problem werden.

Wenn etwa die Ordinarien seiner beiden Haupt-
fächer ihre Hauptvorlesung nur im Sommerse-
mester und immer am Donnerstag von 10 - 12 halten, dann kann das für den Studenten ganz leicht
ein Jahr Studienverlängerung ergeben, wenn er
beide hören muss. Die Unseren hatten damit keine
Probleme - der Stundenplan wurde so eingerichtet,
dass den Studenten der zugelassenen Fachkoppelungen alle vorgeschriebenen Veranstaltungen in
der Regelstudienzeit angeboten wurden.
Das war gar nicht einfach, und die Raum- und
Zeitverteilung lag daher in den Händen von er-
probten Spezialisten, die um ihre mathematisch-di-
plomatische Aufgabe nicht zu beneiden waren!

Ich hatte mich gerade in die neue Tätigkeit eingearbeitet, da wurde mir weniger angeboten als zu-
gemutet, wieder zur Englischmethodik zurückzu-
kehren.
Mein Nachfolger in jenem Fach war plötzlich in
eine andere Stadt quasi strafversetzt worden, nachdem es der Partei nicht gelungen war, seine Ehe zu
retten. Jetzt brauchten sie wieder einen Methodiker. Auf Einzelheiten will ich mich hier nicht ein-
lassen. Bereits 1964 hatte Erich Neutsch ein ähnliches Problem in "Spur der Steine" dargestellt und
großen Widerhall bei den Lesern gefunden. Eine
meiner Studentinnen, die ihre Staatsexamensarbeit
in Germanistik schrieb, bekam allerdings 1966
Schwierigkeiten mit ihrem Gutachter, weil ihre

Sympathien zu eindeutig bei den beiden "Sündern" lägen! Dabei handelt bei Neutsch keine der drei beteiligten Personen leichtfertig; das auf Seite 210 zitierte Gedicht von Erich Fried paßt auch hier.

Die Partei legte Wert auf moralische Integrität ihrer Mitglieder, das war ja soweit positiv (wenn auch nicht immer mit gleichem Maß gemessen wurde...) - aber an den Problemen von Ehe und Liebe waren schon ganz andere Leute gescheitert als die Genossen der SED - ich nenne für alle den byzantinischen Kaiser Zenon: Er nahm nach 20 Jahren ein Gesetz seines "geschätzten Vorgängers" zurück, in dem (auf Drängen der Kirche) eine Scheidung im gegenseitigen Einverständnis verboten und nur noch im Falle von schweren Verbrechen eines Partners zugelassen worden war. Seine Begründung: Seither habe die Zahl der Morde unter Ehegatten bedenklich zugenommen. - Und ich zitiere sinngemäß Queen Elizabeth II., die davon ausgeht, daß königliche Ehen besser nicht geschieden werden sollten, aber realistischerweise verlauten ließ, dass sie persönlich stets auf "Zuverlässigkeit und Diskretion" gesetzt habe (weniger also auf eine andauernde Liebesbeziehung) ...

Menschliche Beziehungen sollten mit Überlegung eingegangen und dann pfleglich behandelt werden - zumal wenn Kinder die Leidtragenden sein können. Manchmal geben Eheleute wohl zu schnell auf, wenn die Illusionen abbröckeln und es darum ginge, mit dem anderen Menschen, wie er wirklich ist, auszukommen: In der Verliebtheit übersieht man ja nicht bloß Fehler, sondern oft auch Stärken des/der anderen... Aber: *"Nur der Wurm weiß, wohin jeder Zahn der Egge trifft"*, sagt ein englisches Sprichwort - wer will das Leiden anderer beurteilen? Es gibt so viele Möglichkeiten... Von einer gewaltsamen "Klammerung" einer Ehe durch Vorgesetzte welcher Art immer halte ich deshalb nichts. Andererseits konnte auch der zunächst so einleuchtende Ruf nach "klaren Verhältnissen" mindestens unter DDR-Recht böse Folgen zeitigen: Wenn ein Mann sich kurz vor dem Rentenalter von einer Gleichaltrigen scheiden ließ, um eine Jüngere zu heiraten, stand die Erste im Alter unter Umständen wirtschaftlich ganz schlecht da, denn sie verlor den Anspruch auf Witwenrente! It's all very complicated. Und dieser Tatsache trug die Partei in den letzten 25 Jahren der DDR auch zunehmend Rechnung.

Kompliziert wurde die Situation auch für mich. Schlechthin weigern konnte ich mich nicht, denn ich war ja für die Englischmethodik habilitiert, wenn ich das Fach auch seit 10 Jahren nicht mehr betrieben hatte. Aber mich befriedigte die Alte Geschichte sehr. Ich sträubte mich also, wurde zum Rektor bestellt und schrieb vorsichtshalber einen vorbereitenden Brief. Man kommt dann nicht in die Lage, in der Hitze der Diskussion mehr zu sagen, als einem später lieb ist, oder auch vor Aufregung gar keine Argumente mehr zu finden. Ich teilte ihm mit, wenn er mir die dienstliche Weisung erteile, würde ich selbstverständlich in die Anglistik zurückgehen. Aber nicht freiwillig, denn ich fände es doch etwas ungerecht, daß ich für meine Disponibilität praktisch bestraft würde, da ich ja schon mehrmals dort tätig geworden sei, wo man gerade eine Kraft gebraucht habe. Nun hätte ich mich hier eingearbeitet - mit der Zusage, diese Tätigkeit dann auch beibehalten zu können, wenn ich Erfolg hätte. Über diese Zusage des damaligen SD hatte ich seinerzeit eine Aktennotiz angefertigt und zu meinen Kaderakten gegeben, wie es mir die kluge Sekretärin vieler Rektoren, Frau Tübben, geraten hatte, denn man weiß ja nie, was kommt - und zur allgemeinen Überraschung zog der Rektor dies Schreiben aus meiner Akte, als er sie für das Gespräch anforderte. Zwar hatte der zu diesem Zeitpunkt amtierende SD nichts gegen meine Wegberufung eingewandt, aber der Rektor, Professor Heidorn, entschied, dass die Anglisten eine andere Lösung finden müssten. Ich durfte Alte Geschichte an der Sektion weiterhin lehren und erwarb bald in aller Form die facultas docendi (Lehrberechtigung) auch für dies Fach. Danach blieb meine Stellung an der Sektion unangefochten.

Irgendwann in dieser Zeit hatten mich meine Kollegen zur Bereichsleiterin gewählt, obwohl so eine Funktion eigentlich nicht vorgesehen war - und irgendwann wurde dies "oben" akzeptiert, da es sich bewährte und nichts kostete. Mit unserem neuen Kollegen Wüstemann verstanden wir uns bald sehr gut. Bei unseren monatlichen Sitzungen stellten wir reihum unsere Forschungsvorhaben vor, und wenn wir auch nicht gemeinsam forschten, so verstanden wir doch noch so viel von der Arbeit der jeweils anderen, dass wir intelligente Fragen stellen konnten - Herr Dr. W. lebte bei soviel Interesse förmlich auf, schien es uns. Es kam ihm jedenfalls zugute, dass er jetzt in eine Gruppe eingebunden war. Er wäre, fürchte ich, sonst in organisatorischen Aufgaben "verheizt" worden, wie man es so menschenfreundlich nennt. Denn wenn ihm wieder einmal ein Amt übertragen werden sollte, sah er immer ein, dass kein anderer zur Verfügung stand! Dass er das Recht und die Pflicht zu eigener wissenschaftlicher Arbeit hatte und seine Zeit dafür brauchte, war daneben fast in Vergessenheit geraten. Jetzt tauchten seine Vorhaben in unseren Plänen auf und sollten irgendwann abgerechnet werden, und vier Kollegen im Bereich interessierten sich dafür, dass es geschah - da sah es gleich etwas anders aus. Ich glaube schon, dass unser Interesse und das Arbeitsklima bei uns einen Anteil daran hatte, dass Herr (heute: Professor) Wüstemann mit so viel Freude und so großem Erfolg seine Arbeiten über bronzezeitliche Schwerter und Dolche begann und zu Ende führte - wenn er auch weiterhin nie ohne Funktion war...

Für uns aber bildete er eine Brücke zu den übrigen

Historikern, denen wir noch längere Zeit einigermaßen fremd gegenüberstanden - wir kannten nun
doch schon einen, den wir mochten und dem wir
trauten.

WO BLIEB DIE GROßE POLITIK?

Sicherlich hat der Leser schon bemerkt, dass unter der Jahreszahl 1968 bei mir der Prager Frühling nicht vorgekommen ist. Ich war nie in der Tschechoslowakei gewesen, ich hatte keine tschechischen oder slowakischen Bekannten und wusste also aus eigener Anschauung nichts über die Verhältnisse dort. Außerdem waren meine Mutter und ich schon deshalb nicht so bitter enttäuscht von der Haltung der DDR und der SED wie z.B. Christa Wolf, weil wir offensichtlich geringere Illusionen gehabt hatten. Wenn die SU schon in einem Randstaat wie Ungarn sofort zugeschlagen hatte, war ja nicht anzunehmen, dass sie zuschauen würde, wie im Zentrum ihrer Verteidigungslinie ein Stück herausgebrochen wurde. Die westlichen Sender hatten wieder (wie schon in Ungarn und bei uns am 17. Juni) nichts Eiligeres zu tun, als sich einzumischen und eine Konfrontation von Reformern und Kommunisten zu befördern: Welchem kapitalistischen Staat konnte schon an einem wirklich verbesserten Sozialismus gelegen sein? Ein gescheiterter Aufstand mit einer Reihe Todesopfer wäre vergleichsweise eher akzeptabel gewesen... Es war also sehr schnell zu erkennen, dass bei dem "Liberalisierungsprozess" (das Wort allein ein rotes Tuch für die Moskauer Verantwortlichen!) nichts Positives mehr herauskommen konnte, denn noch war die Schlagkraft der UdSSR ja keineswegs in Frage gestellt. Bei meiner Mutter und mir überwog die Erleichterung darüber, dass es mindestens ohne großes Blutbad abging. Dass die DDR-Führung einen entscheidenden Einfluss ausüben oder sich hätte "da raushalten" können, zogen wir gar nicht in Erwägung. Und wir verdrängten die ganze Sache so schnell wie möglich. Ich glaube nicht, dass wir überhaupt mit jemandem darüber diskutiert haben.

Erst nach 1972 hatte ich Gelegenheit, öfter ins sozialistische Ausland zu fahren, und dann lernte ich auch einige tschechische, slowakische und polnische Kollegen näher kennen und fing an, mich zu wundern und mir und später auch ihnen Fragen zu stellen.

Die Ereignisse dieses Jahres in Westdeutschland und besonders in Frankreich verfolgte ich mit Sympathie - ich war viele Jahre hindurch eine begeisterte Leserin der "Humanité Dimanche", fast der einzigen westeuropäischen Zeitung, die es in der DDR zu kaufen gab, und die sie mir am Kiosk immer aufhoben. Der "Daily Worker" - später "Morning Star" - war immer am Rande des Bankrotts und journalistisch längst nicht so gut. Mit den französischen Kommunisten habe ich mich wirklich identifiziert und auch einmal an das "Neue Deutschland" geschrieben, ob sie sich in journalistischer Hinsicht nicht dort orientieren könnten. Die Zeitung, mit einem großen Kulturteil, mit ausgezeichneten Reportagen war sozusagen mein Fenster zur Welt, und ich hoffte bei jeder Wahl mit den Kommunisten, deren Stimmenanteil ja bis Anfang der achtziger Jahre sehr beträchtlich war, während sie in Großbritannien kaum eine Rolle spielten. Die Zeitung war vom SED-Standpunkt aus vermutlich öfter "nicht ganz linientreu" oder ließ es am nötigen Ernst fehlen - undenkbar beispielsweise, dass bei uns ein Parteiblatt einen Roman wie M. Druons "Les grandes familes" als Fortsetzungsroman gedruckt hätte!

Man unterstützte die Schwesterpartei, indem man ein paar Exemplare importierte, und verließ sich darauf, dass Deutsche selten Fremdsprachen können, schätze ich. Aber während ich dies schreibe, fallen mir Berichte aus Algerien, über Vietnam, aus der Wirtschaft ein, die ich in der HD gelesen und nie vergessen habe und die meine Einstellung ganz gewiss im linken Sinne beeinflussten. Man spürte eben auf jeder Seite, dass das Blatt sich gegen eine mächtige bürgerliche Presse behaupten musste - auch die Qualität des "Neuen Deutschland" ist ja sprunghaft gestiegen, seit es ihm ebenso geht. -

An privater Ablenkung fehlte es uns 1968 nicht. Zu den beruflichen Dingen, über die ich berichtet habe, kam - in DDR-Zeiten wahrhaftig ein Großereignis - der Umzug in die erste eigene Wohnung nach dem Krieg. Ich hatte erst auf die Eintrittsgenehmigung in eine AWG ("Arbeiter-Wohnungsbaugenossenschaft") jahrelang gewartet, dann ungefähr 3000 Mark eingezahlt und danach wieder gewartet, wie das so üblich war (um die Arbeitsleistungen war ich wegen mangelnden Geschicks herumgekommen, ich habe sie wohl in bar mit etwa 600 Mark abgegolten). Und als es endlich soweit war, sollten wir eine der Wohnungen vom "Rostocker Typ" in Lütten Klein bekommen - zwei Zimmer, die im Grunde nur anderthalbe waren, mit einer fensterlosen Küche. Da hagelte es aber Proteste von vielen Seiten, niemand wollte mit mehreren Personen in diese Behausungen ziehen, und so bekamen auch wir etwas Besseres angeboten. Aber wir ließen das eingezahlte Geld fahren und vertauschten die Neubauwohnung in der nordwestlichen Vorstadt gegen eine 2 1/2-Zimmerwohnung in der Großen Mönchenstraße, also im Stadtzentrum.

Nach Lütten Klein hätte ich zum Mittagessen nicht nach Hause fahren können; das wäre mir meiner Mutter wegen aber doch zu ängstlich gewesen, zumal wir damals immer noch kein Telefon hatten und in Lütten Klein auch sicher so bald keines bekommen hätten. Der Umzug war aufregend, mit Tauschannonce etc. etc. Aber dann waren wir doch glücklich! -

Gott ja, wir hatten uns ja mit der jeweils anderen Familie, mit der wir uns die große Wohnung in der Dehmelstraße teilten, immer vertragen - aber diese Kälte im Winter! Und die letzten Nachbarn hatten zwei lebhafte Kinder, und alle Familienangehörigen bis auf die Großmutter kannten anscheinend nur eine Methode, eine Tür zu schließen - sie warfen sie krachend ins Schloß. Das störte meine Mutter nicht nur, es tat ihr jedesmal an der Schädelverletzung weh ... Wir kamen uns in der Mönchstraße vor wie im Paradies. Ich hatte nach 25 Jahren zum ersten Mal wieder ein eigenes Zimmer, wenn es auch nur 2 x 4 Meter groß war. Und meine Mutter konnte nun endlich ohne schlechtes Gewissen Sport und Musik im Radio hören, solange ich zu arbeiten hatte. In der Mönchenstraße hatten wir auch Öfen, wie in der Dehmelstraße, aber die Zimmer waren viel niedriger, und das Wohnzimmer mit dem großen Kachelofen (mit Bratapfelröhre!) war so gemütlich, dass ich mich später noch manchmal danach zurückgesehnt habe.

EIN FOLGENREICHES JUBILÄUM

Seit 1970 wurde ich manchmal auch zu Tagungen, z.B. nach England und Belgien eingeladen, denn die statistische Arbeit mit Lochkarten war inzwischen auch bei den Philologen, mindestens des westlichen Auslands, in Mode gekommen, und ich hatte ja nun ein handfestes Ergebnis in Gestalt des Lehrbuchs vorzuweisen. Anlässlich seiner Einführung in der Schule konnte ich sogar in Rostock ein Kolloquium zu den methodischen Problemen der Arbeit mit diesem Buch durchführen. Ins kapitalistische Ausland aber durfte ich trotz Einladung seit 1961 nicht mehr reisen.

Irgendwann steckte mir eine freundliche Seele, dass es gar keinen Zweck hätte, wenn ich mich weiter bemühte - ich "sei nun mal kein Reisekader". Bis dahin hatte ich gar nicht gewusst, dass es diese Voreinteilung der Sterblichen gab - irgendwie war ich wirklich etwas naiv.

Übrigens war keineswegs jeder Genosse automatisch Reisekader und jeder Parteilose (oder Blockparteiler) war es nicht, obwohl das immer wieder behauptet wird. Wovon die Entscheidung letztlich abhing, habe ich nie herausgefunden.

Vielleicht vom wissenschaftlichen Prestige des Reiselustigen und der jeweils Einladenden, sicher von Beurteilungen des Betreffenden und der Einschätzung des Nutzens seiner Reise für den Staat (die man allerdings nie zu sehen bekam) und auch von der Intensität der eigenen Bemühung. Als ich bis hierher geschrieben hatte, kam ein Wanderer des Wegs und sagte: "Ist doch klar, daß Sie nicht fahren durften: Sie waren nicht verheiratet und hatten also keine Geisel, die Sie zurücklassen konnten!" O verdammt. Ich besinne mich, daß der Mathematiker Prof. Kochendörfer nach Australien zu einem Kongreß fuhr und nicht zurückkehrte - obwohl er seine Frau samt Kindern hiergelassen hatte. Und natürlich durften sie irgendwann hinterherfahren. Ich aber hätte meine Mutter nicht im Stich gelassen - und jeder, der mich halbwegs kannte, musste das wissen. Ganz so primitiv ging es hoffentlich doch nicht zu. Objektive Probleme gab es schon - inkonvertible Währung, Devisenknappheit, keine konsularische Vertretung in vielen Ländern wegen der Nichtanerkennung, Aktivitäten fremder Geheimdienste - wenn auch vielleicht nicht vordringlich in Richtung auf hiesige Altertumswissenschaftler! In meinen Augen liegt der Fehler vor allem darin, daß die Sache für den Betroffenen undurchsichtig war - es gab nie eine Begründung für Genehmigung oder Ablehnung. So etwas kann das Betriebsklima vergiften. Ich selbst war zwar etwas betrübt, aber nicht so betroffen, dass ich "Himmel und Hölle in Bewegung gesetzt" hätte, um fahren zu dürfen.

Zum Ausgleich sozusagen bescherte mir der 65. Geburtstag von Herrn Professor Hartke (1.3.1972) ein neues Forschungsgebiet im Einklang mit meiner Lehrtätigkeit in Alter Geschichte. Ziemlich kurzfristig wurden seine drei Rostocker Schüler von ihm selbst, das heißt von seinem Büro in der Akademie, zu einem Kolloqium aus diesem Anlass eingeladen. Ich hätte mich wundern sollen - denn normalerweise wird so eine Sache vor dem zu Ehrenden mindestens formal geheimgehalten. Aber ich war immer noch nicht „ritualbewußt" genug. Herr Professor Hering war verhindert - ich glaube, er lag gerade in der Klinik. Aber Herr Dr. Krenkel (in dieser Zeit wurde er Professor, aber ich weiß nicht mehr genau, wann) und ich sagten zu; er mit einem Vortrag über den römischen Satirendichter Lucilius - und ich musste mir in aller Eile etwas ausdenken, was mindestens in lockerer Beziehung zum Arbeitsgebiet des Jubilars (späte römische Kaiserzeit) stand. Da kam ich auf ein bis dahin noch praktisch unbearbeitetes Thema, das mich dann mehr als 15 Jahre beschäftigen sollte: die soziologische Auswertung von Rechtsquellen. Das klingt trocken, ist aber richtig spannend. In der Antike sind über 2000 Antwortschreiben römischer Kaiser auf die Anfragen von Privatleuten veröffentlicht und anschließend gesammelt worden, weil solche Auskünfte ihrerseits wieder Rechtsquellen waren. Damit man sie leichter auffinden und im Bedarfsfalle auch zitieren konnte, wurde nicht nur der Name des Kaisers und das Datum der Ausstellung, sondern auch der Name des Adressaten jedesmal genannt. Diese "Reskripte" findet man im sog. Codex Iustinianus aus dem 6.

Jh. n. Chr., sie gehen zum Teil bis ins 2. Jahrhundert zurück.

Diese kurzen Schreiben sind wesentlich leichter lesbar als die eigentlichen Juristenschriften, in denen schon im alten Rom nicht selten ein richtiges "Fach-Chinesisch" gepflegt wurde. Aber bei diesen Texten kam es ja darauf an, dass der Fragesteller, also ein Laie, verstand, was ihm mitgeteilt wurde. Ich hatte das Buch einmal antiquarisch bekommen und las nun manchmal zu meinem Vergnügen darin: *"Du solltest dich schämen, die Aufwendungen für den Arzt von deinem Schwiegervater zu verlangen - soviel müsste dir deine Frau doch wert sein!" "Wer dir eingeredet hat, du könntest von einem Vertrag ungestraft zurücktreten, weil du erst nach Mitternacht unterzeichnet hast, hat dich sehr schlecht informiert."* Und so weiter. Dabei fiel mir auf, dass mehr als 500 Frauen unter den Adressaten waren. Auch eine ganze Anzahl von Soldaten waren unter den Empfängern ("Celeri militi" -"an den Soldaten Celer" - heißt es dann in der Adresse) und sogar über 30 Sklaven und Sklavinnen hatten Antwort vom Kaiser erhalten, obwohl sie doch rechtlich nur als "Sache" galten. Es ergaben sich also schon beim flüchtigen Lesen etliche soziale Gruppen, und aus den Auskünften ließ sich z.B. einiges über den Bildungsstand der verschiedenen FragestellerInnen herauslesen. Juristisch waren die Reskripte längst ausgewertet, aber die Personen hinter den Anfragen hatten die Forscher bisher nicht interessiert - für sie ging es um Rechtsprobleme - für mich um Menschen. Ich bearbeitete in den drei Wochen, die mir bis zu der Konferenz blieben, die Reskripte an Soldaten und stellte u.a. zu meinem Erstaunen fest, dass viele von ihnen in ganz zivile Streitigkeiten um den Familienbesitz und Ähnliches verstrickt waren. Der sowjetische Historiker Maschkin betrachtete die römischen Soldaten dieser Zeit als sozial entwurzelte Söldner und stand damit keineswegs allein. Ich hätte also erwartet, dass solche Leute etwaige Eigentumsprobleme mit einem Faustschlag oder Schwerthieb "geregelt" hätten - und nun gingen sie ganz bescheiden den Instanzenweg! Manche waren sogar von Geschäftspartnern richtig über den Tisch gezogen worden, wie man heute sagen würde, und suchten beim Kaiser Auskunft über mögliche Auswege. Dies Ergebnis hatte Neuigkeitswert.

In Berlin angekommen, meldete ich mich bei der Institutsleitung und stellte fest, dass man von unseren Vorträgen ganz und gar nicht erfreut war - offenbar hatte man die "Jubelfeier" am Vorabend des Geburtstags so kurz wie möglich abmachen wollen. Ich wurde sogar gefragt, ob ich nicht einfach den Text mit ein paar passenden Worten übergeben wolle! Ich weigerte mich standhaft; damit hätte ich mich in Rostock lächerlich gemacht, fand ich: Schließlich hatten sie mir eine Dienstreise bewilligt. Aber ich erklärte mich bereit, meine Ausführungen zu kürzen. Herr Dr. Krenkel tauchte erst zum Kolloquium auf, an den kamen sie also vorher nicht heran. Wir stellten fest, dass die akademische Feier recht lieblos gestaltet war, wenn man bedachte, dass der Jubilar immerhin noch Vizepräsident der Akademie war. Die Referenten - außer uns beiden keine Auswärtigen - wirkten einigermaßen lustlos, und die Rostocker Beiträge stachen von diesem Niveau so positiv ab, dass einige der Zuhörer sich geradezu wachschüttelten und zuzuhören begannen... Hinterher gab es nicht einmal ein kaltes Büfett, Herr Professor Hartke murmelte nur etwas von "können ja morgen zu dem Empfang bei mir zu Hause kommen" - aber Herr Dr. Krenkel und ich trafen uns im 21-Uhr-Zug nach Rostock. Am Abend in Berlin Unterkunft zu suchen war damals noch hoffnungslos, das wusste jeder. Und irgendetwas war an der Sache merkwürdig gewesen, den Eindruck hatten wir wohl beide. Erst nach etlichen Jahren dämmerte mir, dass diese bedrückende Feier die Quittung für Hartkes Verhalten bei der Maßregelung des Physikochemikers und SED-Kritikers Havemann gewesen sein könnte. Den Geburtstag glatt zu "vergessen" hatten sie sich wohl nicht getraut - aber dafür sorgen wollen, daß der Jubilar sich nicht besonders geehrt fühlen konnte. Ihn jedoch hatte diese Kunde offenbar über den "Buschfunk" zu einem Zeitpunkt erreicht, als er uns noch mobilisieren konnte. Wir waren Steinchen in einem fremden Spiel gewesen.

Wenige Wochen nach diesem Kolloquium wurde mir von der "Deutschen Literatur-Zeitung", die von der AdW der DDR herausgegeben wurde, eine Rezension angeboten. Herr Eickhoff, der verantwortliche Redakteur, war unter den Zuhörern gewesen. Ich machte mir meine Gedanken - aber es lag nur das übliche gedruckte Blatt mit den Anweisungen über Umfang, Charakter und erwartetes Schriftbild der Rezension bei; wieso sie gerade jetzt auf mich verfallen waren, schrieb er (natürlich) nicht. Jedenfalls war es der Beginn einer Beziehung zu dieser Zeitschrift, welche (nur) Besprechungen aus allen Fachgebieten, Geistes- und Naturwissenschaften, enthält, die über meine Emeritierung und die Abwicklung der Akademie hinaus dauerte. Ich habe dort 1992 die letzte Rezension veröffentlicht, als die DLZ bereits der "VCH-Verlagsgruppe" gehörte, was immer das auch ist. Es war schon wünschenswert, dort mitzuarbeiten - die DLZ wurde auch außerhalb der DDR gelesen und gehalten.

DAS LETZTE KAPITEL -
DIESES LEBENSABSCHNITTS

Es ist schon seltsam: Ich dachte, über meine Kindheit und Jugend wüsste ich viel mehr als über die spätere Zeit. Man sagt ja allgemein, dass das Langzeitgedächtnis besser ist als das Kurzzeitgedächtnis, und es gibt Autoren, die über die Kindheitserinnerungen nie hinausgekommen sind mit ihren Memoiren. Aber je länger ich mich mit der Vergangenheit beschäftigte, umso mehr fiel mir wieder ein, jetzt habe ich schon den geplanten Umfang überschritten und wüsste noch einiges einzufügen... Aber bei dem Entschluss, nicht über 1975 hinauszugehen, will ich bleiben.

In dem Jahr starb meine Mutter, danach fing ich ganz bewusst noch einmal neu an. Da war ich 48 Jahre alt.

Mama war 81 Jahre alt geworden, ebenso wie mein Vater. Und sie hatte Glück dabei: Ihr Leben lang hatte sie sich vor einem langsamen und qualvollen Sterben gefürchtet, in der Klinik vielleicht, wie ihre Mutter. Aber obwohl es fast so aussah, als könnte es wirklich so kommen: Nach relativ kurzer Krankheit bekam sie einen Schlaganfall und war innerhalb von Augenblicken tot. Mehr noch - ich war bei ihr. Das war beinahe ein Wunder, denn ich war gerade vorher Brötchen holen gegangen; fünf Minuten früher, und ich wäre gar nicht in der Wohnung gewesen. Am Abend zuvor hatte sie selbst mich fortgeschickt, einen zugesagten Vortrag im DFD zu halten, obwohl die Dame, die derweil einschauen wollte, ausblieb.

Schwester Matthäa hatte mir schon gesagt, dass es nicht mehr lange dauern würde; der Arzt wollte nichts davon wissen, aber sie hatte die größere Erfahrung und sah es ihr an.- Als Mama nämlich aus der Klinik zurückkam, wo sie untersucht worden war - aber an eine Operation war in ihrem Alter nicht mehr zu denken -, bemühte ich mich um eine Hilfe bei der Pflege. Ich wollte so lange wie möglich noch meine Arbeit machen, bereitete aber meinen Chef schon darauf vor, dass ich mich in absehbarer Zeit wohl beurlauben lassen müsste. Der Antrag auf eine Pflegehilfe lief über den Instanzenweg, und ich bekam Bescheid, ich solle mich im Heim (oder sagt man Kloster?) der Franziskanerinnen melden. Mit einigen Bedenken rief ich an und sagte gleich, ich wisse nicht, ob ich wirklich an der rechten Adresse sei, denn wir seien nicht katholisch. Aber die Schwester am Telefon erklärte, das mache gar nichts, jede der Pflegeorganisationen sei in einen Turnus eingegliedert, und sie nähmen immer denjenigen oder diejenige, die als nächste an der Reihe sei. Und so kam Schwester Matthäa einmal am Tage zu uns. Meine Mutter sah ihr ziemlich skeptisch entgegen, denn eine evangelische Gemeindeschwester war auf meine Bitte hin früher einmal gekommen, hatte sich gleich erkundigt, ob Mama auch zur Kirche ginge, und auf die Antwort, sie höre sich öfter die Rundfunk-Andacht an, pikiert erklärt: "Also die Radio-Christen mögen wir nicht so gern!" Meine Mutter hatte die Contenance gewahrt, aber nachher zu mir gesagt: "Bitte nicht noch einmal!" Nun erwarteten wir den Auftritt der katholischen Schwester mit Spannung. Sie war eine angenehme Überraschung - freundlich und kompetent, keinerlei Bekehrungsversuche - eine echte Stütze. Ich freue mich jedesmal, wenn ich ihr auf auf der Straße begegne, und wir wechseln immer noch ein paar Worte.

Beinahe wäre alles daran gescheitert, dass Schwester Matthäas Auto streikte. Sie hatte eine leichte Gehbehinderung, ihr Trabant war auf Handschaltung umgebaut, ein Ausweichen auf ein anderes Fahrzeug also nicht möglich. Und die Patienten verteilten sich über die ganze Stadt. Es war nur ein ganz kleines Teilchen - wenn man's hatte, kostete es nicht einmal fünf Mark - aber in Rostock war es nicht aufzutreiben. In meiner Verzweiflung schrieb ich an den Kollegen Kleinert (vom Lehrbuch!) in Halle, der inzwischen schon ein recht guter Freund war. Und tatsächlich gelang es dem, im Fuhrpark der "Freiheit" (der dortigen SED-Zeitung), wo er einen Bekannten hatte, ein solches Teilchen locker zu machen und mir per Einschreiben und Eilboten zukommen zu lassen, vorweg ein Telegramm: "Ersatzteil unterwegs - Achtung, unersetzlich!" Die Versorgung etlicher Kranker war gesichert. Der kleine Gegenstand (ich verstehe nichts von Autos, daher kann ich ihn nicht genauer beschreiben) war letzten Endes irgendwie geklaut, muß ich annehmen; aber ich betäubte mein schlechtes Gewissen in diesem Falle: "Alltag in der DDR".

Meine Mutter und ich hatten uns recht gut verstanden - aber sicher wäre unser Verhältnis noch besser gewesen, wenn wir nicht zusammen in einer Wohnung gelebt hätten. Mir jedenfalls wäre etwas mehr Abstand willkommen gewesen. Es ist wohl so, daß man für seine Mutter lebenslang "das Kind" bleibt; und sie gab sich fest überzeugt, daß ich ohne sie gar nicht zurechtkommen könnte. Mich loszumachen, das hätte einen wirklichen Riss bedeutet. Und sie hatte kein gesundes Herz. "Sie kann noch Jahre leben - aber sie kann auch plötzlich umfallen und tot sein, zum Beispiel wenn sie sich sehr aufregt", hatte der Arzt mir bedeutet. Wer möchte so etwas auf dem Gewissen haben? In den letzten Jahren zeigte mir dann ein Aphorismus von Marie von Ebner-Eschenbach den Ausweg: *"Alte Leute ertragen es leichter, wenn man ihnen zuwiderhandelt, als wenn man ihnen widerspricht."* Als ich das voll realisiert hatte und mich daran hielt, wurde alles einfacher. Aber - man geht damit natürlich innerlich auf Distanz, auch wenn es dem anderen nicht auffällt... Eins war jedoch bemerkenswert: Mama konnte sich über eine Kleinigkeit fürchterlich aufregen - ich erinnere mich an eine Szene, die mir richtig Angst machte, als ich einen Kühlschrank gekauft hatte, was sie zunächst für unverantwortliche Verschwendung hielt. Aber wenn es wirklich ernst wurde, blieb sie gelassen. In ihrer letzten Krankheit ließ sie sich nie fallen, sondern stand z.B. jeden Tag ein bisschen auf, und wenn es nur eine halbe oder eine Viertelstunde war; sie bestimmte, wem sie ein Schmuckstück hinterlassen wollte, und wir organisierten auch noch einen Besuch unserer Sängerin-Freundin Frau Rose. Über die Wochen, als Mama erst zu Hause, dann in der Klinik und zum Schluss noch einmal zu Hause krank lag, kamen wir uns wieder sehr nahe. Die Zeit war bemessen, ich stellte alles andere zurück, widmete mich ihr in jeder freien Minute, und sie war bei allen Unannehmlichkeiten, die die Krankheit mit sich brachte, irgendwie glücklich. Aber wie und ob ich bestanden hätte, wenn es um eine schleichende chronische Krankheit wie multiple Sklerose oder gar Alzheimer gegangen wäre, das wage ich nicht auszudenken. Ob meine Mutter Recht hatte, die zu sagen pflegte: "Man kann, was man muss!"?

Nun kam ich also allein zurecht, aß in der Mensa (Wahlessen für 1,60 M) und ließ mir die Haare so schneiden, wie ich sie jetzt noch trage. Vorher hatte ich mir gesagt, dass eine Ponyfrisur den häuslichen Streit doch wohl nicht rechtfertige. Denn Mama hatte eine tief eingewurzelte Abneigung gegen "Simpelfransen". Mit einer anderen, wesentlicheren Entscheidung war ich mir ihrer Zustimmung sicher: Ich trat aus der Kirche aus. In den sechziger Jahren hatte man mich dazu gedrängt und ich hatte mich geweigert. Wir waren zwar nicht gerade kirchlich - aber mindestens als Deist hätte ich mich schon eingestuft.

Aber als ich nun in Alter Geschichte u.a. die Entstehung des Christentums zu behandeln hatte, befasste ich mich intensiv mit den Umständen und Hintergründen, überhaupt mit Religionsgeschichte - und eines Tages stellte ich fest, dass der Glaube weg war. Ironischerweise hatte ich meine Mutter, die nicht lange vor ihrem Tode den gleichen Schritt erwog, weil es ihr ähnlich ging, noch dringend gebeten, davon doch abzusehen; mit dem Hinweis, eine weltliche Beerdigung sei doch eine zu grässliche Perspektive. Ich versprach ihr fest, dafür zu sorgen, dass an ihrem Grabe ein Pastor sprechen würde, dessen Rede ihren Beifall fände - und das gelang mir auch, obwohl Herr Pastor Homuth von St. Nicolai zu der Zeit gerade selbst krank war... Weltliche Trauerfeiern waren in DDR-Zeiten, mindestens soweit meine Erfahrung reichte, wirklich deprimierend, oft geradezu primitiv. Erst die "Freisetzung" vieler Intellektueller aus der gewohnten Arbeit nach der Wende brachte in dieser Hinsicht einen grundsätzlichen Wandel. -

Und dann traf ich die beiden für mein weiteres Leben bestimmenden Entscheidungen: Ich wurde "Wochenendmutter" eines Heimkindes, dann ihr Vormund, und schließlich ihre Pflegemutter - und dabei ist es geblieben. "Aber das ist eine andere Geschichte", wie Kipling sagen würde. Und ich bewarb mich um Aufnahme in die SED. Nur weil das heute kaum noch einer glauben wird: Ich wurde erst einmal abgewiesen - zu alt und falscher Beruf. Junge Arbeiter waren gefragt, keine ältlichen Intelligenzler. Erst zwei Jahre später wurde mir dann mitgeteilt, dass sich eine Lücke ergeben habe, oder wie man das nannte.

Ich hatte inzwischen eine ganze Reihe von Genossen und Genossinnen kennengelernt, die ich respektierte und mochte, gescheite, unaufgeregte Menschen, denen der Marxismus Überzeugungs- und Herzenssache war, keine Karrieristen. Ich fühlte mich zu ihnen hingezogen. Einer von ihnen war Jürgen Kuczynski, der berühmte, neben dem ich einmal zufällig bei einer Verteidigung saß und der mich später ein paarmal in Berlin zum Essen einlud - der letzte Mensch, der "mein liebes Kind" zu mir sagte, ich war ja über 20 Jahre jünger als er... Er interessierte sich sehr für die Antike, ich habe ihm zu seinem Geburtstag einmal einen Artikel "Frauen schreiben an den Kaiser" aus meinen römischrechtlichen Studien gewidmet, und er schickte mir eine Reihe seiner Veröffentlichungen und antwortete immer umgehend, wenn ich Anmerkungen zu antiken Problemen in seinen Büchern oder auch eine ökonomische Frage zur Gegenwart hatte. Er war eine eindrucksvolle Persönlichkeit, sein Wort hatte Gewicht.

280

Aber so weit mußte ich nicht unbedingt in die Ferne schweifen. Da ich nun einmal eine Intellektuelle war, imponierte es mir auch, dass mich z.B. etliche Historikerkollegen "in die Ecke diskutieren konnten", was die Erklärung politischer oder geschichtlicher Erscheinungen anging, nicht durch irgendwelche rhetorischen Tricks, sondern durch überzeugende und oft direkt nachprüfbare Argumente. Dadurch verstärkte sich in mir das Bestreben, dem dialektischen und historischen Materialismus theoretisch noch näher zu kommen, hier sah ich ihn ja quasi in Aktion.

Bei Friedrich Engels las ich mit höchlicher Befriedigung in den Altersbriefen, wie er simplifizierte Darstellungen, z.B. des Verhältnisses von Basis und Überbau, widerlegte, aber auch ihre Entstehung erklärte, nämlich aus einem gedankenlosen Nachbeten von Äußerungen, die Marx und er selbst im Feuer der Diskussion getan hatten - eben Dogmatismus statt Wissenschaft. Am "Anti-Dühring" hatte mich die allzu scharfe Polemik etwas gestört - der Gegner war doch ein Blinder... In den Briefen (etwa an Käthe Kollwitzens Bruder) erklärt Engels die Sache einem Jüngeren auf Anfrage, viel ruhiger, und mit einer Portion Selbstkritik, das überzeugte mich. Ein wichtiges Beispiel: Der Überbau erwächst nicht automatisch aus einer bestimmten Basis, es kann sich vielmehr keine rechtliche, ethische, religiöse, politische... Ansicht allgemein durchsetzen (durchsetzen! "gedacht werden" dagegen sehr wohl!), die nicht in Einklang mit den Produktionsverhältnissen steht.

Außerdem entdeckte ich die Dresdner "Fundus"-Reihe, zuerst Bianchi Bandinellis "Wirklichkeit und Abstraktion", ein Buch, in dem die Entstehungsbedingungen abstrakter Kunst, die in der DDR auf Zeitungsniveau oft als Unsinn, wenn nicht direkt als klassenfeindlich abqualifiziert wurde, untersucht werden.

Später las ich aus dieser Reihe Rosa Luxemburg, "Über Kunst und Literatur" (eine Anthologie aus ihrem Werk), lange bevor an die Gesamtausgabe von Annelies Laschitza zu denken war - mir gefielen Inhalt und Methode gleichermaßen...

Und dann die großen sowjetischen Kriegsromane, erst Simonow, den ich schon erwähnt habe, dann Alexander Bek ("Die Wolokolamsker Chaussee") und schließlich Tschakowski mit der "Blockade", der Leningrad-Trilogie. Von der anderen Seite der US-Amerikaner Albert Maltz mit "The Cross and the Arrow", über Menschen in einem deutschen KZ und in der Umgebung desselben. Die drei Letztgenannten haben alle nicht den Weg in Harenbergs Lexikon der Weltliteratur gefunden - aber mich haben sie sehr betroffen gemacht. Simonow und Bek sparen die Deutschen völlig aus - man sieht sie sozusagen nur über Kimme und Korn. Die beiden anderen aber zeichnen ein erstaunlich differenziertes Bild der Menschen auf der (von ihnen aus gesehen) anderen Seite, das für mich nachprüfbar war, ich hatte die Zeit ja schon bewusst erlebt. Dadurch waren natürlich auch die Leningrader bei Tschakowski besonders glaubwürdig (wenn die künstlerische Glaubwürdigkeit nicht gereicht hätte). - Seit ich überhaupt lesen kann, ist wohl kein Tag vergangen, an dem ich nicht ein paar Dutzend Seiten (ohne Fachliteratur) gelesen habe. Ich habe hier nur aufgeschrieben, was mir als erstes in den Sinn kam, sich mir also besonders tief eingeprägt, ich denke wohl: meine Gesinnung geformt hat - und da habe ich Anna Seghers noch nicht einmal genannt.

Ein Vorbehalt, den ich mir lange Zeit selbst gemacht hatte, war inzwischen erledigt: ich hatte meine wissenschaftliche Laufbahn als Parteilose geschafft. Daß ich Dozent(in) blieb und nicht (ordentlicher) Professor wurde, lag am Fach. Bei der Hochschulreform war festgelegt worden, daß Dozent(in) anders als vorher und heute wieder, ein legitimer Endpunkt der Karriere in solchen Fällen sein sollte, in denen die Studentenschar notwendigerweise klein und der Arbeitsaufwand entsprechend geringer war als in anderen Disziplinen. Eine Berufungsfunktion, nicht bloß ein Höflichkeitstitel wie "Privatdozent", und auskömmlich bezahlt. Ich akzeptierte das - im Gegensatz zu den meisten Männern. Meine Güte, ich habe jemanden gekannt, der beim Ministerium vorstellig geworden sein und wenigstens den Professorentitel, wenn schon nicht das Geld, erbeten haben soll! Er meinte, er würde sonst im Ausland nicht genügend respektiert. Ich traue es ihm ohne weiteres zu. Ich selbst fand die Lösung insofern berechtigt, als ich beispielsweise nicht jedes Jahr einen Haufen Diplomanden zu betreuen hatte, unter denen notgedrungen auch immer etliche Studenten sind, die die Wissenschaft nicht fördern, und dass meine Korrekturen sich daher ebenfalls in Grenzen hielten. Da blieb mir schon mehr Zeit für die Forschung als einem Professor mit einem großen Fachbereich, etlichen Assistenten, die auf die Promotion vorbereitet werden mussten, dem entsprechenden Papierkrieg zu Forschungsfragen etc., etc. Was das Gehalt angeht - damals „sparte sich" bei mir von 2000 Mark monatlich ganz automatisch etwas, heute käme man mit dem gleichen Betrag natürlich nur eben über die Runden - die Umrechnung 1:5 gegen Westmark gab die wirklichen Verhältnisse nur sehr unvollkommen wieder. - Aber die Regierung hatte einen grundlegenden psychologischen Fehler begangen: "Dozent" war und wurde kein "Anredetitel", so dass ein gerade promovierter Assistent, ein habilitierter Oberassistent und ein berufener Dozent alle schlicht "Herr Doktor" angeredet wurden - und das in Deutschland! Sozialismus hin und her - das schmerzte, auch die Genossen, meiner Ansicht nach mehr als der Gehaltsunterschied zum Professor, dem schließlich mit Publikationen, öffentlichen Vorträgen etc. beizukommen war. So dauerte es nicht allzu lange, bis (sozusagen als

284

Alterserscheinung, wie vorzeiten der Rote Adlerorden) der Titel "außerordentlicher Professor", dem nach der Hochschulreform eigentlich eine ganz andere Funktion zugedacht gewesen war, sich auf viele ältere Dozenten niedersenkte, verbunden mit einem monatlichen Gehaltsaufschlag von 200 Mark. Aber man war nun "Herr Professor" - und ich seit dem 1.9.77, (also nach meinem Aufnahmeantrag, aber kaum damit in Zusammenhang) 'Frau Professor" - durch normale Mitbürger äußerlich nicht vom "ordentlichen" zu unterscheiden. Meine Mutter würde sich gefreut haben, wenn sie es erlebt hätte - mir war es damals schon ziemlich egal. Ich hatte nie das Gefühl gehabt, dass mein wissenschaftlicher Ruf von diesem Titel - oder seinem Fehlen - beeinflusst wurde: Thomas Mann hatte etwa ein Dutzend Ehrendoktortitel, und an seiner Haustür stand nie etwas anderes als "Th. Mann". Wenn's der Name allein nicht tut, dann macht's ein Titel auch nicht mehr. -

Nachtrag 1995: Wissenschaftlich bin ich auch heute noch dieser Überzeugung - im täglichen Leben aber ölt ein Titel offensichtlich die Gleise: Woher sonst die Firmen, die Doktor- und sogar Professorentitel verkaufen? Vor kurzem wurde jemand enttarnt, der sich in Rostock allerlei Vorteile mit einem fiktiven Professorentitel erschlichen hatte...

Den letzten Anstoß zu meinem (ersten) Aufnahmeantrag in die Partei hatte mir übrigens eine Kollegin aus meiner Lehrerzeit, 1975 bereits Rentnerin, gegeben. "Sie sind immer noch parteilos?", sagte sie bei einer zufälligen Begegnung. "Da haben Sie klug gehandelt. Wenn man bedenkt, was in Chile geschehen ist - wenn es hier auch mal so kommt, sind Sie fein 'raus."

Mir verschlug es den Atem - so hatte ich das noch nicht gesehen. Salvador Allende war in der DDR eine Identifikationsfigur, sein schreckliches Ende war auch mir sehr nahe gegangen. Wir hatten alle mit der Unidad Popular sympathisiert, und ihr Scheitern war ein schmerzhafter Beweis dafür, wie recht Engels gehabt hatte, als er schrieb, bei allen Klassenkämpfen könnte eine von beiden Parteien siegen oder beide gemeinsam untergehen - und wie irreführend das undifferenzierte Gerede vom "gesetzmäßigen Sieg" der Fortschrittskräfte gewesen war. Nicht wenige Studenten fühlten plötzlich den ideologischen Boden unter ihren Füßen wanken - sie hatten diese Behauptung für eine Grundthese des Marxismus-Leninismus angesehen. In der Universitätsausbildung in Geschichte erfuhren sie allerdings beispielsweise in meiner Vorlesung, daß längst nicht jeder Ansatz zur Staatsbildung gelang, sondern dass die dritte Variante - der gemeinsame Untergang beider Parteien - von fataler Häufigkeit war. Entsprechendes lernten sie auch bei den Kollegen und hätten es auch in den einschlägigen Büchern nachlesen können - an gescheiterten Revolutionen bestand ja gerade in Deutschland kein Mangel! Aber in der Agitation und in populären Darstellungen des II. Weltkriegs tauchte der einprägsame Slogan immer wieder auf. Im Grunde minderte er ja nur die Leistungen der Alliierten und speziell der SU, aber vielleicht ging er irgendwie auf Stalin zurück und hatte ursprünglich der Aufmunterung seiner Mitbürger gedient? Und vielleicht wäre ich krachend aufgelaufen, wenn ich das Problem in der Zeitschrift für Philosophie oder an einem ähnlich illustren Ort einmal prinzipiell zur Diskussion zu stellen versucht hätte? Ich hab's nie versucht.

Jedenfalls - auch und gerade wenn der Sieg der Sache des Sozialismus keine Gesetzmäßigkeit war, wollte ich mich offen zu ihr bekennen - "ein Lehrer soll ein Fels sein, keine Wolke". Ich hatte auch, das will ich gleich gestehen, noch viele Illusionen über die Wirkungsmöglichkeiten, die sich mir als Mitglied der SED über das Bisherige hinaus eröffnen könnten.

1977 wurde ich schließlich als als Kandidat(in) zugelassen und im März 1978 aufgenommen.

Aber das liegt schon jenseits meiner Erzählgrenze und wird hier nur ordnungshalber aufgeführt.

Ich bin zwar jetzt innerlich so weit, dass ich auch über die Wende hinweg bis an mein 70. Lebensjahr weiter erzählen kann - noch einmal das Ende eines Staates und die Frage meiner Mitschuld an diesem Ende (prinzipiell kann ich den Versuch mit dem

Sozialismus nicht für unsinnig halten), und dann die Probleme des Wiederanfangens in Deutschland, Negatives, aber auch Positives. -

Erst einmal wollte ich jedoch das Versprechen einlösen, das ich vor vier Jahren gegeben hatte. Denn ich denke, das Alltagsleben in dem hier geschilderten Zeitraum ist besonders in Gefahr, vergessen oder verdrängt zu werden.

Etwas mehr Abstand kann der Darstellung der letzten komplizierten Periode, die ich durchlebt habe, sicher nur zugute kommen.

SCHEUNEN-VERLAG • 18317 Kückenshagen • Kolonie 4
Tel.: (038223) 59308 • Fax: (038223) 59309